abuel@s

Manual de resistencia pacífica

abuel@s

Manual de resistencia pacífica

*

QUIQUE JIMÉNEZ SILVA

I.S.B.N.: 979-84-19887-93-1
Depósito Legal: TO-47-2026
© Del texto: El autor
© De la edición: Editorial LEDORIA-Jesús Muñoz Romero
* Calle Fuente del Moro, 6
Toledo, 45006
Teléfono: 636 56 03 70
Correo electrónico de contacto: info@editorial-ledoria.com
www.editorial-ledoria.com
Diseño de la cubierta: Quique Jiménez Silva
Contacto directo con el autor: ejimes@hotmail.es

A Eva, Pablo, Hugo y Alejandro.
Algún día entenderéis por qué se quiere tanto a los nietos.

A mis hijas Noemí y Cristina, a mi yerno José.
Vosotros sois una parte de la inspiración.

A MiLoli
que siempre me ha dejado decir lo que me pasa por la cabeza y aún no me ha echado de casa.

Para todos los padres y madres de hoy,
que son los abuelos y abuelas de mañana.

¡Enhorabuena!

Después de ir quemando múltiples etapas de tu existencia personal, laboral y familiar, has llegado al cenit de la vida, al estado de los estados, has logrado ser abuelo o abuela.

Aunque aún no lo sepas, vas a necesitar toda tu experiencia, paciencia y buen hacer para poder sobrevivir a tan digno honor.

Si piensas que este Manual de Resistencia Pacífica te aclarará las dudas, estás muy equivocado. Aquí, en este torrente de palabras ordenadas a modo de libreto (ni siquiera llega a ser libro) no encontrarás ninguna solución; pero te darás cuenta de que todos, en tu situación, nos hemos hecho las mismas preguntas; lógicamente, con una gran variedad de respuestas, casi todas correctas.

Como una Ópera Prima, los diferentes hilos argumentales se han ordenado en actos, escenas, arias, coros y recitativos a ritmo y medida de los cantantes protagonistas; siempre acompañados por una gran orquesta que, según el momento, hace soplar los vientos, acariciar las cuerdas o percutir a bombo y platillo la grandeza de la vida.

El uso del masculino y el femenino está utilizado para referirse indistintamente a ambos géneros. En ningún caso se debe considerar una falta de respeto al lenguaje inclusivo.

Declaro bajo juramento que este libreto ha sido redactado íntegramente con mi poca inteligencia natural (y se nota). La única inteligencia artificial (I.A.) ha consistido en el empleo de herramientas informáticas básicas y procesador de texto, porque, a pesar de mi edad, ya no escribo con máquina Olivetti Lettera 32.

El libro más consultado es el diccionario de la RAE (en formato digital) con el objetivo de aplicar la mejor palabra posible en cada momento.

Asumo todas las deficiencias en el uso de verbos, adjetivos, nombres, tildes y demás herramientas gramaticales de la lengua española, haciéndome único responsable del resultado final.

Las situaciones, hechos y circunstancias que se relatan no son ficticias, son reales.

Este no es un libro de memorias. Aquí encontrarás un recopilatorio de vivencias, experiencias y batallitas, propias y ajenas, de mi propia familia o recogidas de otros hijos, padres y abuelos que me rodean.

Se han omitido o modificado los nombres para no herir.

Lo que aquí se cuenta nunca es por criticar, es por referir.

Y recuerda que el libreto que tienes en tu poder está redactado por un "contador", no por un "escritor".

OBERTURA *(Moderato)*
De aquellos polvos, estos lodos

Un día, nos encontramos frente a frente con lo que hemos criado. Lo mismo da el sexo. Él o ella son nuestro punto de partida a la hora de ejercer el noble y difícil arte de "abuelear".

La vida nos devuelve el resultado de todo nuestro empeño por una formación completa, que abra a nuestros hijos las mejores puertas del mundo.

Buscamos el premio a la paciente espera en la puerta del conservatorio, mientras adquieren suficientes conocimientos musicales como para leer, con cierta dignidad, una partitura de Vivaldi.

"Ven a buscarme"; "llévame"; "dame dinero"; "tengo un novio, ahora no".

Es curioso; a diferencia de nuestros padres, esta generación nos hemos involucrado tanto en la vida de los hijos que ya tuve que decirles un día: *"Por favor, no me presentéis a vuestras parejas hasta que no sea algo sólido, que les cojo cariño y luego lo paso muy mal cuando lo dejáis".*

Siempre vigilantes apostados en el balcón que mira a la calle, para verlos volver después de una agotadora noche de fiesta, en coche propio o ajeno. Ebrios o sobrios.

Un juez de menores -con autoridad creo yo para hablar de estas cosas- comentaba fuera de la solemnidad judicial, que una de las cuestiones más comunes de los padres es lamentar que, habiendo criado a varios hijos de la misma forma, con igual autoridad y medios, los resultados fueran tan distintos. Incluso a veces, delictivos.

El experimentado magistrado siempre hacía ver a los progenitores que ese, precisamente ese, pudiera ser el error. Nos empeñamos en criar a todos de la misma forma cuando los hijos, aun siendo del mismo padre y la misma madre, por naturaleza, son diferentes.

Aceptamos de buen grado al que camina por un sendero delimitado por nuestros usos y costumbres. Que hace del respeto, el orden y el trabajo una base para su desarrollo personal.

Otros, en cambio, eligen el pasotismo, el desorden y la apatía, haciéndoles carentes de unas mínimas perspectivas de futuro.

Unos y otros han recibido la mejor educación que hemos sido capaces de darles. A unos y a otros hay que aceptarlos "como son" y no "como nos gustaría que fueran".

En este contexto social, económico, educativo, analógico y digital, nuestros hijos llegan a convertirse en padres y como consecuencia, nosotros en abuelos.

Como en toda buena ópera, esta Obertura da paso a las arias, coros y recitativos, sobre un libreto que cualquier familia media española podría suscribir.

Las historias que aquí se relatan, con estructura musical, no quieren herir, ni faltar, ni crear disputas entre los miembros que comparten mesa los domingos.

Estas vivencias se cuentan con la sana intención de que los hijos, si las leen, sean capaces de entender "qué es lo que no deberían hacer con los padres" e igualmente, los abuelos presentes y futuros, conozcan "qué es lo que los padres no deberían hacer con los hijos".

Se trata de un ejercicio de sentimientos recíprocos, sobre la base de la generosidad, del respeto y de la educación.

En este juego de tronos los protagonistas son primero bebés, luego niños, a continuación, adolescentes y finalmente adultos; dispuestos a absorber toda la energía que se produce a su alrededor: buena, mala y regular.

Al final, por encima de todas las alegrías, penas y conflictos, queda el cariño. Ese sentimiento comodín que lo puede todo.

Mientras, vamos caminando por la vida saltando obstáculos... y si nos caemos, nos levantamos; sin saber nunca dónde está el final de nuestro recorrido.

ACTO I

Nacidos para criar
Dúo para soprano y bajo (Adagio)

Nuestra vida ya está lista. Superados, con nota, los exámenes teóricos y prácticos para que los hijos encuentren una pareja adecuada, de buena familia y de futuro cierto y estable, llega el momento de formalizar aquello.

Unión de hecho, de derecho, de convivencia, de conveniencia... Entre el variado catálogo que hoy ofrecen las uniones supongamos que eligen una fórmula como Dios manda (es decir, auspiciada por el sacramento del matrimonio).

Aquí llega el primer triple salto mortal, digno del Cirque du Soleil, para conseguir una buena celebración sin que aquello suponga un boquete importante en la economía doméstica.

Lejos de la discreción, la austeridad y la proporcionalidad, los jóvenes contrayentes sienten haber nacido para la opulencia y acompañan su cambio de etapa vital con despedidas de soltería, cuanto más lejos mejor. Cócteles pre y post, viajes al otro lado del mundo y una barra libre por encima de todo horario razonable, nocturno y diurno.

Es un día inolvidable.

El elenco está completo y es digno de las mejores óperas de Milán: los novios, la familia de ella, la de él; los muy mayores (que siempre ocupan los primeros bancos de la capilla); las emocionadas amigas de la novia, que han tenido que quedar varias tardes para leer 8 líneas en el atril, el pequeño que estudió violín y es el momento de rentabilizar la inversión....

No falta nada, ni nadie, en el escenario.

Aunque no los veamos en el cuadro inicial, los amigos y amigas que no tienen que leer están en el bar más próximo, calentando motores.

La elección de una buena iglesia, rodeada de bares con cerveza fresca, es una de las decisiones trascendentales que los novios tienen que tomar a la hora de elegir el lugar de la ceremonia.

Ese día tan señalado, donde hemos comido bien; hemos bebido mejor y la parejita está más guapa y limpia que nunca, una paloma sobrevuela las cabezas de los 462 invitados, dispuesta a diseminar la semilla de la procreación, cuanto antes, sobre todos aquellos que estén en edad de gestar.

Si la cosa va sin prisas, un buen día llegará la parejita a nuestra casa y con una botella de vino compartirán la "buena nueva":

– *¡Papá, mamá, vais a ser abuelos!*

Fijaos bien cómo está construida la frase utilizando una expresión, llamémosla, absolutamente participativa y dejando todo el protagonismo subjetivo para los mayores:

– *¡Papá, mamá, vais a ser abuelos!*

Casi nunca dan la noticia al grito de ¡vamos a ser padres!

Hay que ser conscientes, desde ese instante, de la transformación radical que nos están anunciando.

Ya no seremos padres; a partir de ahora seremos abuelos.

Pasaremos a ser, de forma permanente el "plan B", "el comodín de la llamada".

Tras el periodo de gestación establecido por la madre naturaleza, perdemos la condición de progenitores, cabeza de familia, árboles de la sabiduría, referencia vital...

Nos transformamos en transportistas, cocineros, psicólogos, canguros, maestros, chachas, cajeros y como no, expertos en poner y quitar sillas de niño en el asiento trasero del coche; un diseño que, sin duda, salió de la mente de un ingeniero o ingeniera estéril, que nunca ha tenido hijos.

¡Enhorabuena, ya sois abuelos y solo estamos en la página 20!

La aventura de las pezoneras
Aria para tenor (Prestissimo)

Ha llegado el día D hora H. La primera misión será recorrer todas y cada una de las farmacias locales a la caza y captura de las famosas "pezoneras".

Si a estas alturas de la vida no has tenido esta experiencia, te recomiendo que practiques ahora que tienes tiempo. Luego ya será tarde.

Ese día, una buena pezonera será el único elemento que nadie habrá preparado dentro de la denominada "cesta del bebé".

Con la cantidad de niños que nacen diariamente, con la variedad de consejos, teorías y clases magistrales que reciben los padres neófitos ¿por qué nadie les dice que el objeto más preciado de una primípara es "la pezonera"?

¿Por qué -digo yo- nunca se descargan un tutorial de YouTube sobre los usos y costumbres de tan necesario y aparentemente imprescindible artefacto?

La realidad, es que nadie repara en ese detalle hasta la hora de amamantar por primera vez al recién nacido.

En ese preciso momento nace **GLOBO-BUELO** (su pedido, de inmediato y en la puerta).

Por desgracia, nadie nos explica cuál es la función específica de una pezonera: tipos, materiales y lo más importante, medidas.

Hay que tener muy poca vergüenza para presentarse en la farmacia, mirar a la jovencita que está detrás del mostrador y explicarle como tiene el pezón tu hija: normal, grande, corto, pseudoinvertido, retraído, unilateral o incluso, supernumerario.

A mí me recordó las primeras veces que entré en una farmacia a comprar preservativos. Volví a sentir la misma vergüenza, teniendo que hablar a una desconocida sobre cuestiones tan íntimas.

Como cuando era joven, me armé de valor y repetí como un papagayo lo que mi hija me había mandado por WhatsApp: *"por favor, una caja de 12 pezoneras de silicona transparente, talla mediana "high sensory"* (como si supiera de lo que estoy hablando).

Vuelves ufano con la compra, como si de media docena de nécoras se tratara, dispuesto a que ¡por fin! puedas hacerte una foto con el nieto.

- ¡Ahora no! que ha mamado y está durmiendo.
- ¿Pero no hacían falta las pezoneras para mamar? Protesto yo.
- Esas no son. Esas son grandes y no se pegan al pezón. Asevera la abuela que es la que sabe de esto.

Sin entender por qué he tenido que ponerme al borde del infarto, pensando que mi nuevo nieto no comería sin las prótesis recién compradas, le miro de cerca observando que tiene todos sus deditos e intento adivinar a quien se parece.

Es una costumbre que por más que pasen los años sigue ocupando los primeros momentos familiares.

Lógicamente, la rama materna tira más para lo suyo; mientras la paterna espera con paciencia que el niño –en este caso- dé sus primeras patadas al balón para gritar con toda su fuerza ¡igualito que su padre a esa edad!

De pronto, la tía "sargenta" -porque en toda familia hay una tía que manda más que nadie- sentencia que la habitación está llena de gente y decide -por la autoridad que le confiere el pijama blanco de celadora con su nombre a la altura del pecho izquierdo- que todo el mundo salga al pasillo, o mejor dicho, al vestíbulo para no colapsar la sala.

¡A sus órdenes! Que para eso tiene plaza fija.

Y me echan.

El Chupe
Aria para bajo y violonchelo (Andantino)

Sentado en el vestíbulo, empiezo a relajarme pensando en el futuro que le espera a esa criatura. Deseo que tenga toda la suerte del mundo y, aunque la vida sea difícil, a él le vaya bien. Un nuevo mensaje de WhatsApp hace sonar el móvil.

- *"Papá, dice mamá que busques en la farmacia un chupete antes de que se empiece a meter el dedo en la boca.*

Un poco precipitado me parece, pero... ¡tengamos la fiesta en paz!

Con la tranquilidad que me caracteriza y las ganas de agradar que tengo, vuelvo a mi farmacéutica favorita; ahora, sin ningún tipo de vergüenza.

Sigue "mi amiga", la que me atendió hace un rato. Con la seguridad que da saber que, esta vez, sí sé de lo que hablo, le digo con firmeza:

- *Por favor, quiero un chupete para mi nieto".*
- *Sí señor* –me contesta la titulada-

Y con una media sonrisa, de no ser la primera vez que atiende a un abuelo primerizo, me pregunta:

- *¿Cómo lo quiere? De látex, caucho o silicona; con tetina anatómica o fisiológica; con cuerpo de silicona o de plástico; con anilla o sin anilla, luminoso o no...*

¿Qué hizo el abuelo? Acordarse de la madre que parió a la jovencita de la farmacia y llevarse uno de cada. Esta vez no se equivocaría.

Se presentó en el hospital con aquel muestrario de chupetes, desde la primera a la última generación, y sin pretenderlo, provocó lo que podría haber iniciado la Tercera Guerra Mundial.

Como de fútbol, de niños todo el mundo entendemos, opinamos y pontificamos. Ya se sabe, todos llevamos dentro un experto en lo que haga falta.

El consejo de sabios abre una acalorada discusión sobre el tipo de chupete más conveniente para el heredero. Cada uno de los interlocutores se transforma en pediatra, odontólogo, dietista, traumatólogo o internista, intentando avalar sus argumentos sobre qué modelo emplear.

Esto de las clases magistrales es muy común a la hora de hacer el rodaje al bebé. Hayas criado o no.

Desde un rincón, no me atrevo a intervenir. Claro que tengo mi opinión, pero no estoy dispuesto a arriesgar las futuras buenas relaciones familiares con mi esposa, consuegros, sobrinos, hijos y como no, aún menos con mi hermana, la celadora del pijama blanco, que también entiende de esto.

En la tele, al menos cada 10 minutos de gritos, voces y argumentarios infinitos, se hace una pausa publicitaria para vender detergentes, colonias, joyas, juguetes... aquí no.

Mi perplejidad alcanza su máximo nivel cuando mi consuegro (que siempre ha valido más por lo que calla que por lo que habla) suelta un discurso sobre los males que acechan la salud provocados por la silicona y su composición química.

Él sí sabe de lo que habla. Es cirujano plástico y conoce a la perfección los pros y contras de este material. De ningún modo va a permitir que su indefenso nieto inicie una adicción tan temprana.

El doctor sienta cátedra y la discusión termina en el mismo lugar que empezó, con el miedo a que el niño, por no hacerse adicto a la silicona, se envicie con el dedo gordo de la mano, derecha o izquierda, dependiendo si sale diestro o zurdo.

Superado el momento "chupete" por fin mi "seño" decide que hay que dejar descansar al recién nacido y a la parturienta. Aliada con la del pijama blanco, hacen una nueva batida por la habitación y la vuelven a despejar.

Madre e hijo, frente a frente, se preparan para afrontar la primera noche juntos.

¿El padre?

Es verdad, hasta ahora parecía que el niño no tenía padre y que el nieto formaba parte de lo que ahora se denomina una "familia monoparental", pues no.

El padre fue obligado a asistir al parto, que ya finalizó hace más de 10 horas, y aún no ha recuperado el aliento.

Calla y mira de lejos mientras, poco a poco, va recuperando su color natural. Nadie le dice nada, nadie repara en él, como si no existiera. Ni siquiera le mandan a hacer algún recado... Ya, para eso, estamos los abuelos.

En las primeras horas de vida de su hijo, ha descubierto que él pinta poco o nada. Que todo el mundo (menos él) sabe cuándo tiene que mamar y cómo; cuándo hay que bañarle, cambiarle, moverle, dormirle...

Todo el mundo piensa que los padres no tenemos instinto materno, eso es cierto.

Los padres, lógicamente, lo que tenemos es instinto "paterno" y por lo tanto, también somos capaces de criar un bebé con los mismos aciertos y errores que la parte femenina de la familia.

Querid@s abuel@s, si vuestro hijo es el padre, no le apartéis contra la pared.

Cuando recupere el color, permitidle que desarrolle su instinto paterno, que lo tiene.

Transportes *EL YAYO VELOZ*
Dueto para tenores (Presto)

La gran aventura del hospital finaliza con la vuelta a casa. Bueno, más bien con la mudanza a casa, porque en cuarenta y ocho horas se han acumulado en la habitación todo tipo de ofrendas y regalos.

Trajes de bebé, paquetes de pañales en forma de tractor o moto con sidecar. Toallas, batas, exuberantes plantas, dulces, cajas de pezoneras inútiles, pañales, cremas... y un montón de bolsas de diversos colores que son las únicas que me ayudarán en la recogida.

Cuando por fin logré dejar la habitación vacía, me pareció que allí caben tres camas en lugar de dos.

Lógicamente, *EL YAYO VELOZ* es la empresa encargada del transporte. Sin necesidad de concurso, ni oferta pública, le han adjudicado la dignidad de tan grato servicio a la comunidad familiar.

Todo el mundo está pendiente del recién nacido para que esté convenientemente abrigado. Con el coche en la misma puerta, tendrá el mínimo contacto con el aire de la calle (frio en invierno y calor en verano, como toda la vida).

El padre de la criatura, que ya recuperó la compostura, conduce.

La abuela, de copiloto, se encarga de avisar de todos los baches, pasos de cebra, semáforos y demás condicionantes de la circulación para que nada ni nadie perturbe el sueño del lactante; ni que los puntos de la parturienta salten como los muelles de un colchón antiguo.

El abuelo, sin más colaboración que su paciencia y habilidad ha conseguido, en cuatro viajes, meter las infinitas bolsas en el coche de la mudanza. Se han roto dos flores de la orquídea azul, *"si lo recorto bien con una tijera, nadie lo notará"* - se dice a sí mismo-.

El otro abuelo, perfectamente vestido para la ocasión, con traje, chaleco, pajarita y sombrero, llega primero y se sitúa en la plaza de aparcamiento frente al portal de su hijo.

A continuación, el vehículo del heredero aparca en la puerta sin novedad. Todos suben orgullosos al tercero D.

En el domicilio conyugal, la otra abuela lleva ya un buen rato calentando la estancia buscando que la temperatura sea semejante a la del hospital; para que el niño no sufra cambios bruscos (que es lo que le ha recomendado una amiga que dejó medicina en 3º).

A duras penas, el transportista logra aparcar dos calles más abajo, porque ya no queda plaza libre al lado del portal, y en otros cuatro viajes completa el servicio que le han encomendado.

Mientras, el elegante y colaborador consuegro, entre viaje y viaje, mantiene la puerta del portal abierta con el pie, porque a *EL YAYO VELOZ* ya no le quedan manos para llamar al portero automático.

- ¡*Vamos consuegro!* -dice el galeno- ¡*que en un día ya te has "abuelao"!*

Se estira el chaleco, suelta la hoja de la puerta y con las manos en los bolsillos entra el primero en el ascensor, por si no cabemos los dos.

Cuando consigo descargar toda la mercancía, me sorprende que alguien haya pensado en mí y están esperando para una foto de familia. Padre, madre, nieto y abuelos. Primero los maternos y luego los paternos.

Será un momento inolvidable. Pido coger al niño para la ocasión y siento por primera vez la fragilidad de la vida. Tengo miedo de no hacer lo correcto.

Le miro y me da igual a quién se parezca. Aquel ser es parte de mi nueva vida; o mejor dicho, aquel ser, es mi nueva vida.

Sueño con jugar con él, llevarlo de paseo, leerle cuentos o emborronar pliegos de papel con sus colores favoritos.

Aquel ser ha cambiado completamente mi vida, aunque él aún no lo sabe.

A estas alturas de la ópera, por mucho que te quieran contar, no eres capaz de imaginar cómo van a cambiar las reglas del juego.

Cuando te vas a casar, todo el mundo te cuenta la película según le va, pero realmente, nadie, absolutamente nadie, te dice toda la verdad. Cuando tienes un nieto, tampoco.

De momento, se han fundado *GLOBO-BUELO* y *EL YAYO VELOZ*. En muy poco tiempo esas pequeñas empresas se convertirán en un auténtico "holding" de actividades relacionadas con el arte de "abuelear".

Como poco, nos pasamos los primeros 18 años de la vida de nuestros hijos tratando de educarlos en valores, respeto, educación, sociabilidad... Al margen de una formación puramente académica del mayor nivel posible.

Desde que nacen, nuestro único objetivo es que "sean unos hombres o mujeres de provecho" o al menos esa era la definición que utilizábamos cuando yo empecé a criar.

Con mejor o peor fortuna -porque la fortuna es un factor determinante- se ha conformado una persona que en estos momentos afronta la paternidad o maternidad.

El resultado de esa educación familiar lo veremos reflejado en la nueva etapa que padres y abuelos afrontan:

¡Ya está en el mundo el heredero de la corona!

O Primo Canto
Aria para contralto (Prestissimo)

Hasta ahora, el ser sin nombre no ha dicho esta boca es mía. Aprovechando la tranquilidad de la nueva cuna, en la que transcurrirán los próximos meses de su vida, abuelos y padres discuten –como no- sobre el nombre que tendrá el que duerme.

Al día siguiente, con la cita previa concertada, la primera tarea del padre será la de inscribir a su hijo.

Es el momento clave para conocer cuál es el peso específico que tiene cada miembro en esa familia.

En muchos casos se aprovecha la debilidad de la madre (que bastante tiene con la subida de la leche, los puntos y la depresión post parto) para imponer algún criterio que no sea el de ella.

Aquí, el papel de la abuela materna es fundamental. Sabe que su hija no está en el mejor momento y tendrá que utilizar sus mejores armas para que la otra parte no imponga su criterio.

En cinco minutos, allí se pronuncian un centenar de nombres del antiguo y del nuevo testamento, relacionados, o no, con los antecesores de cada una de las ramas del árbol genealógico que se está completando.

El lactante, ajeno a todo, sigue durmiendo.

El doctor vuelve a estirarse el chaleco y defiende el santo del día, que curiosamente, coincide con el suyo.

Yo, que soy más de democracia participativa y constitucional, propongo unas "primarias" y en segunda ronda una votación para elegir una "terna" de la que luego salga, por mayoría cualificada, el nombre elegido.

La madre se quita del medio con la excusa de dar de mamar al niño. Estará mejor sola para concentrarse en la tarea. Ninguna de las abuelas quiere abandonar la estancia para no perder posición respecto a la inscripción en el Registro Civil.

En el salón, los cinco magníficos continúan el debate del Mamón. Vuelven a salir nombres de todos los santorales y series de moda. De pronto, el silencio se rompe con un llanto ¡el primer llanto! ¡o primo canto!

El sin nombre ha roto su silencio y entona el primer "aria", prestissimo, en sol Mayor, dejando patente la buena acústica del pisito soleado que sus padres compraron con una hipoteca a veinticinco años.

Ambas abuelas saltan como auténticas finalistas de gimnasia rítmica. Algo grave pasa. El niño llora.

Inmediatamente entra en acción el comando "Yayas al rescate" y con la misma metodología que emplea la NASA para diagnósticos espaciales, ambas inician el escrutinio de la situación:

- *No se agarra al pecho*
- *Deja que el niño busque el pezón*
- *Sujétale la cabeza*
- *Tiene aire*
- *Se ha hecho caca*
- *No puede hacer caca*
- *Está caliente*
- *Tiene los pies fríos*
- *Ponte más derecha*
- *Ponte más tumbada*

… con ese protocolo de lanzamiento, como el niño y la madre no despeguen por sus propios medios, no despegarán jamás.

Ya nadie se preocupa del nombre. Ahora la única prioridad es adivinar la razón por la que el bebé llora; como si el llanto fuera un problema en sí mismo.

La madre, inexperta, también rompe a llorar, pero de impotencia. El instinto le ha fallado y se ha entregado a las abuelas entre sollozos.

Una opta por consolar a su hija; mientras, la otra, coge al recién nacido y tras comprobar que no tiene aire, ni caca, ni está caliente, ni frío... lo arrulla como toda la vida. Lo mece y acuna hasta tranquilizarlo.

En un alarde de valentía, hago mi aportación sobre el tema. Recuerdo en voz alta las orientaciones que dio la comadrona a la parturienta antes de abandonar el hospital:

"Túmbate en la cama -le dijo- desnúdate de cintura hacia arriba y ponte al bebé encima, por debajo del pecho. La criatura, por su propia naturaleza, irá subiendo hasta encontrar el pezón y mamará, no dudes que mamará".

Cuando vi aquello funcionar me reconcilié con la naturaleza y agradecí la dulzura con la que una auténtica profesional enseñó a una madre cómo atender las demandas de su primer hijo.

El aria finaliza al ritmo de cualquier compás de tres por cuatro, que bien podría ser un vals de cualquiera de los Strauss.

Vuelve la calma. El mismo ritmo también ha relajado a la madre que, mirando a su hijo, piensa en todos los valses que les quedan por bailar.

¡Por fin se ha agarrado al pecho, y sin pezonera!

Mientras toda esta escena transcurre en el dormitorio, mi consuegro aprovecha para aleccionarme en el arte de "abuelear" según su perspectiva de la vida (que es muy particular).

- *"Lo primero que haré –me dice- es enseñar al niño a que no me llame abuelo. Cada vez que me diga Sebastián le daré un euro. No sabes la cantidad de amigos que se han "abuelado" prematuramente.*

Lo importante es trabajar. Yo lo haré hasta que los dedos se me caigan, y por nada del mundo me resigno a que me llamen abuelo, y mucho menos yayo".

- ¿Qué tiene que ver una cosa con la otra? -le contesto yo- *la gente define despectivamente*

adjetivos como abuelo, jubilado, mayor, viejo... pensionista".

Y aprovecho que estamos solos para continuar soltándole un largo discurso sobre el particular.

- *Mira Sebastián* –le digo antes de que vuelva a estirarse el chaleco- *ser abuelo, jubilado o pensionista es una cuestión puramente funcional y de orden administrativo.*

De la misma forma que un adolescente no se comporta como un adulto, una persona mayor tiene que vivir su condición, pero eso no es una limitación.

Nadie, por el mero hecho de ser abuelo, tiene por qué dejar de hacer nada, en concreto o en abstracto.

Uno se va haciendo mayor poco a poco, cada día, desde el instante que nace.

El hecho de ser abuelo, casado, soltero, rico o viajero solo es una situación, no una limitación.

Aceptar las circunstancias que en cada momento nos toca vivir, es una de las fórmulas para enriquecer nuestro desarrollo personal.

Aunque suene a perogrullada, lo más difícil de esta vida es saber vivirla. Encontrar el equilibrio y rodearte de la mejor gente posible.

Al poco rato me di cuenta de que estaba hablando solo. Sebastián me oía, pero no me escuchaba. Volvió a recolocarse el chaleco y se fue con la excusa de que le habían llamado de la clínica.

Las abuelas volvieron al salón recordando lo distinto que era en sus tiempos.

- *Cuando yo parí –dijo mi consuegra- estaba todo el día sola. Sebastián hacia guardias de 24 horas y se pasaba mañana, tarde y noche en la clínica. Mi madre vino unos días, pero enseguida tuvo que marcharse al pueblo.*

- *Eran otros tiempos –contestó mi mujer- aprendíamos a caminar a base de andar. Y encima nos tocó romper con los tópicos de la mujer en casa y con la pata quebrada. Tuvimos que pelear por un trabajo digno y bien remunerado, sin abandonar las tareas del hogar. Luchamos por una liberación social y económica que no hemos terminado de conquistar.*

Allí me encontraba yo, escuchando a aquellas dos abuelas de tan distinta procedencia y experiencia:

La "señora de" y la "propia señora".

Aquel equipo de trabajo, de tan diferentes convicciones y orígenes, prometía, pero a la vez daba miedo.

Dos modelos y un solo nieto.

El comando "yayas al rescate" reunía los dos polos de una sociedad que trataba de superar los traumas de unas mujeres engañadas y atrapadas por el machismo.

¿Cómo afectaría esto a mi nieto?

Me asustaba que Sebastián comprara su silencio a golpe de paga extraordinaria y que el niño terminase estirándose el chaleco, alejado de un entorno más honesto y humilde.

No tenía claro si la señora del doctor Sebastián le enseñaría a tratar a las mujeres mejor que su marido la había tratado a ella.

Aquel viaje que emprendí por lo más recóndito de la estructura económica y social española de los últimos 100 años, se interrumpió al oír una voz, muy familiar, reclamando mis servicios para revisar el calentador porque era la hora de bañar al niño y no salía agua caliente.

Mi yerno abrió el gas y todo solucionado. Por esta vez no tuve que sacar la caja de herramientas.

Llegó el agua. Ya se sabe, como dice el protocolo de la vida: ni muy fría ni muy caliente. Ni mucha ni poca.

Canto de las bañadoras
Trío para mezo y sopranos (Larguetto)

Probablemente, este sea uno de los momentos más cruciales en la vida de las personas que abordan la crianza de un bebé.

Alguien tiene que asumir la responsabilidad de sumergir al bebé en el agua, sin que se le escurra o le entre jabón en los ojos, por muy neutro que sea.

La madre aún no se atreve; una abuela alega codo de tenista y la otra se hace dueña de la situación. Utiliza su brazo para apoyar la espalda del recién nacido, mientras lo sujeta con la mano plana, para que el cuerpo no se gire.

De los abuelos y el padre, ni hablamos. En el mejor de los casos, hacen fotos.

El agua caliente y la esponja suave hacen el milagro.

Despacio, muy despacio, la experta pasa una y otra vez la esponja por la espalda, muslos, brazos, manos. En un alarde de destreza, escurre la esponja sobre la cara del bebé para que se vaya acostumbrando a lo inesperado.

Armada de miedo y responsabilidad, la primípara decide continuar con el protocolo acuático y por fin realiza la inmersión de su retoño, sin necesidad de manguitos ni flotador.

Descansados ella y él, se disponen para la siguiente "toma"; no sin antes demandar de ambas abuelas el kit de amamantar. Es una técnica que aún no termina de dominar.

Primero elegir el sillón. Ni muy alto ni muy bajo. Mejor con brazos y con el respaldo recto.

Luego, el almohadón circular para que el brazo apoye y no se duerma (el brazo de apoyo, no el niño). El reloj a la vista para medir con exactitud los minutos de lactancia y la luz ambiental; como todo, ni mucha ni poca.

- *Anota por cuál de los dos pechos empiezas* - grita la madre experta-, *que luego en la siguiente toma tendrás que hacerlo al contrario.*

¿Y las pezoneras? Pienso sin atreverme a plantearlo en voz alta. ¿Para qué me he hecho yo la milla urbana buscando una farmacia?

Ni pezoneras ni pezoneros.

La madre relajada, las abuelas calladas, el padre "de oyente" mi consuegro ausente y yo observando en silencio la escena desde la distancia.

Realmente, el silencio y la tranquilidad de ambos es lo único que hace falta para que ese milagro de la naturaleza mame del pecho de su madre hasta hartarse.

Uno de los momentos culminantes de abuelear es ver como tu nieto succiona para extraer la leche materna. Sí, ya lo vimos con los hijos, pero ahora es diferente. Somos más mayores, más sensibles a determinadas situaciones. Realmente, somos más "vulnerables".

¡Cuidado abuelos! *La hipersensibilidad de la edad será uno de los flancos más débiles por donde vuestros hijos no dudarán en entrar.*

No es una amenaza, es una advertencia.

ACTO II

A demanda
Coro y tenor (moderato)

La cría de humanos, como la moda, va cambiando. Los estudios e investigaciones de los más listos de la clase, nos van llevando a lo que generalmente se conoce como "evolución de los usos y costumbres".

Por ejemplo, en otros tiempos, dar el pecho era una cuestión programada en horas, minutos y segundos.

Tiempo total de succión, tiempo efectivo. Situación noche, situación día. Vamos... lo que se dice un "sinvivir", una responsabilidad milimétrica para no caer en el síndrome de "la mala madre".

Estudios recientes, también realizados por los más listos -pero ahora de otra clase- revelan que es preferible olvidarse del papel cuadriculado, de los patrones y las gráficas.

Ahora, los bebés tienen que mamar "a demanda" y esto quiere decir -ni más ni menos- que desde que nacen, los niños de ahora, ya solo tienen que pedir... y se les da.

El resultado de esta fórmula alimentaria es poder encontrarse en cualquier lugar, en todo momento y las veinticuatro horas, con un bebé colgado de la teta de su madre, como le pasó a uno que yo conozco en un vuelo interno (de esos de sillones estrechos).

Todo sería normal si el niño que colgaba del pecho izquierdo primero y derecho después no fuera a empezar ese mismo año el colegio.

Pero no será en este manual donde yo discuta, critique o cuestione los buenos criterios de matronas, pediatras y resto de especialistas del ramo.

Al fin y al cabo, para llegar a la condición de abuelos, todos hemos tenido que ser padres y sabemos que esas cosas terminan cayendo por su propio peso, que no es otro que el de la experiencia y el sentido común.

Pues mamando, mamando, se nos han ido acumulando los meses sin ir al trabajo. Casi sin darnos cuenta, las bajas maternal y paternal se han esfumado.

¡Abuel@: calienta que sales!

No hay más remedio que tocar zafarrancho de combate para organizar la nueva etapa donde seremos "los titulares".

Llegamos a un punto de inflexión en la relación con nuestros hijos y nietos que marcará el resto de la convivencia y crianza del primero, segundo... y los que vayan llegando.

Perfectamente interpretado, cual *"Coro de los esclavos"*, entra en escena todo el elenco de la obra. Cada uno entonará su dueto, trío, cuarteto o lo que toque.

Volvemos a sentar cátedra tertuliana sobre las conveniencias educativas:

- Guardería: Si/No.
- Privada/Pública.
- Dejarlos con abuelos paternos/maternos.

Hay un complejo catálogo de combinaciones posibles que se ponen sobre la mesa. Deberían implicar tu participación y opinión, porque eres parte afectada, pero casi nunca te permiten hablar. Solo eres un daño colateral.

Te lo van a dar resuelto, una solución y la contraria.

En cualquier caso, los abuelos volveremos a ser un cómplice necesario (que dicen los criminalistas).

Después de varios cantos corales, solos y duetos, de manera unilateral te comunican la decisión adoptada:

> - *Hemos hecho la matrícula en la guardería privada del barrio porque es la que está más cerca de vuestra casa y así, si es necesario, podéis recogerlos o llevarlos.*

Ya lo creo que va a ser necesario. No solo necesario, ¡imprescindible!

Aunque aún no lo sabes, en tu nombre, con tu tiempo y tus recursos, se ha constituido la nueva asociada, *ABUELBUS*, que realizará la línea Guarde-Casa-Guarde, todos los días, de lunes a viernes, de momento.

Baby on board
Dúo para mezo y tenor

Los lectores más mayorcitos recordarán aquel triángulo en forma de señal informativa, adherido al cristal trasero del Renault 5, donde se leía *"bebé a bordo"*. Cuarenta años después vuelves a poner un adhesivo similar pero esta vez con un muñeco tocado por gorra yanqui, gafas de rapear y el texto *"baby on board"* (que es lo mismo, pero en inglés).

No te agobies, colocar la pegatina es la parte fácil.

Antes de poner en marcha el transporte escolar, tienes que volver por aquella completísima tienda de material para bebés, de donde te llevaste puesta una silla/cochecito/cuna, con suspensión a las cuatro ruedas, como si tu nieto fuera a correr el Paris-Dakar.

En aquel momento, ya te regalaron un vale descuento para futuras compras, porque estaban seguros de que, antes o después, volverías.

Allí te encuentras, acompañado de tu esposa y tu hija (porque hay que estar muy loco para ir solo a esos sitios) eligiendo una silla homologada por la DGT para poder trasladar al lactante que la semana siguiente iniciará su periodo formativo en el C.A.I. (Centro de Atención a la Infancia).

A las dos primeras cuestiones que planteas (tamaño y precio) te llevas dos zasca. Con la sabiduría que te caracteriza, decides no volver a abrir el pico. Ellas sabrán -piensas- al fin y al cabo, yo solo soy el abuelo.

Después de mirar, mover, tocar y desmontar todos los modelos que hay en el establecimiento, la niña (que parece que se ha criado en un palacio) se decide, solo por casualidad, por una de las más caras.

La abuela -que nunca tiene claro de qué lado está- la anima con aquello de *"tú no te preocupes, lo que haga falta".*

Y a los pocos minutos un señor, super amable, se acerca a mi coche con un artefacto que pesa como un demonio y con su mejor sonrisa me informa: *"No se preocupe señor, estos nuevos modelos ya tienen "Isofix" y son muy fáciles de montar incluso para los abuelos".*

Aquello me tranquilizó tanto que nos fuimos con dos unidades, una para el coche de ellos y otra para el nuestro.

Ya irían otro día a por la tercera unidad para el vehículo de los consuegros, que necesitaban que la nueva "baby chair" fuera a juego con la tapicería de su Tesla.

¡Isofix!, asiento giratorio y basculante, fundas lavables, altura del cabezal regulable... lo mejor de lo mejor. Y encima, todos mis amigos de la caña del jueves me decían que era un tipo con suerte.

- *Cuando yo fui abuelo -relataba Ángel que nos lleva ventaja a todos- esto del Isofix no existía y cada vez que tenía que poner o quitar la silla del bebé tenía que estar una hora maniobrando.*

Al final, siempre llegaba el listo de turno que te decía "eso es muy fácil"; pero luego se pasaba otra cruzando los cinturones de seguridad entre pecho y espalda, para que el bebé no saliera volando al primer frenazo.

Oyendo a Ángel y considerando la relatividad de las cosas, efectivamente yo debería sentirme un privilegiado.

Transportes Escolares *ABUELBUS* estaba listo y equipado para el servicio con la última tecnología y en las mejores condiciones posibles.

De los 50 meses que estuvo el chaval -como cualquier otro- en la guardería, más de la mitad de las idas y venidas las hizo en la flamante silla granate del coche de los abuelos.

En ese tiempo, transitaron por la sillita todo tipo de restos de leche materna y algún que otro vómito, fruto de las prisas de las seños de la guardería por devolverte al niño, una vez finalizada la jornada lectiva.

Como en cualquier otro coche con niños, los restos orgánicos se van haciendo dueños de los asientos traseros; igual que cuando tus propios hijos eran pequeños solo que, en estos momentos, la columna cruje cada vez que te agachas a recoger los gusanitos del último cumpleaños.

La ventaja -porque siempre hay una ventaja y un lado bueno- es que ves crecer a tus nietos. Compruebas como avanzan en sus movimientos, balbuceos, envites y llantos... sobre todo llantos, porque la teta portátil aún no se ha inventado y él sigue "a demanda".

A nuestra casa llegaba la criatura todas las mañanas con un bote que previamente la madre llenaba con el saca-leche. Le dábamos un biberón y se tranquilizaba; pero no es lo mismo: todos sabemos que una teta, es una teta.

Un buen día, te dicen que anotes en la agenda una fecha, un lugar y una hora.

Esa tarde vas a vivir un evento importante y ya no podrás volver a ver de la misma forma a aquel bebé. La criatura se gradúa. Sí, se gradúa; será la primera ceremonia académica de las muchas a las que asistirás a lo largo de su vida.

Sientes emoción, e incluso algunas lágrimas brotan de tus ojos cuando cruza el escenario para recoger su diploma, su banda y su birrete de cartulina.

¡Ya es "Grado" en Guardería! El futuro no ha hecho más que empezar.

Saludas al resto de abuelos que también tratan de no emocionarse en público, pero no lo consiguen.

Aquello de "los hombres no lloran" deja de tener sentido cuando eres abuelo.

Recuerda que la edad te ablanda y eso te hace vulnerable, muy vulnerable.

Esa monería que cruza el escenario a los sones de "Gaudeamus igitur" es el resultado de todo el trabajo que hemos venido realizando durante muchos meses. Sin siesta ni descanso.

Ir y venir de la guarde ha consolidado nuestra relación con el infante. Nos estamos formando como abuelos y el vínculo del biberón diario ha establecido las nuevas prioridades.

Los trayectos en el *ABUELBUS* auguran un futuro brillante para la flota con la ampliación de nuevas líneas.

Hasta aquí hemos recorrido un intenso camino y se han sentado las bases de la convivencia entre las tres generaciones implicadas: bebés, padres y abuelos.

Ya hemos asumido (junto a los otros abuelos, si hay suerte) que no somos contingente, que somos necesarios. Que el futuro de esos niños y niñas depende en gran medida de nuestra intervención. Que el verbo "ayudar" se convierte con frecuencia en "suplantar".

Los niños nos perciben al mismo nivel de relación sentimental y funcional que a sus padres.

Esta sociedad poli-criadora ha generado bebés transversalmente independientes; o lo que es lo mismo, "se pueden quedar con cualquiera".

La "mamitis" y la "abuelitis" se reparten los caprichos infantiles al cincuenta por ciento. Lo mismo da una madre, un padre, un abuelo, una abuela…. El roce hace el cariño... y la atención, más.

Todo gira en torno a un mismo sujeto y él o ella lo saben.

Desde muy temprana edad seleccionan lo que tienen que demandar a cada uno. Esto, a lo largo de la vida, será una constante con dos, diez e incluso veinticinco o cuarenta años.

Las preguntas trampa
Trío de tenores (Vivace)

- ¿Podéis...? ¿Os viene bien...?

- Es que verás, ¿sabes lo que pasa?...

Llenaríamos varias páginas con preguntas de este tipo pronunciadas con un único fin: hacerte cargo del nieto o los nietos, con todo un repertorio de situaciones, argumentos, compromisos y cualquier otra necesidad imperiosa y urgente que cada cual sea capaz de imaginar o vivir.

Lo que a priori es un espíritu de colaboración ocasional, se convierte en una servidumbre estable, a poco que te relajes.

Lógicamente, en esto, como en todo, hay intensidades en función de la situación personal de cada cual.

El primero, el segundo, mellizos, trillizos... pero siempre existe un denominador común: las preguntas "trampa".

Bueno... hay algo bastante peor que la pregunta trampa: el preámbulo trasnochado, antiguo y reprochable, que en pleno siglo XXI aún se pronuncia por parte de algunos: *"Tú que no tienes nada que hacer y así te entretienes"*.

Este es el principal argumento que muchos hijos encuentran para convencerse (ellos) de que, realmente, nos están haciendo un favor. De que eso es lo que queremos hacer, aunque no lo sepamos.

Pues lamento deciros (ya comenté anteriormente que este Manual de Resistencia Pacífica está dirigido sobre todo a los hijos) insisto, lamento deciros, que estáis muy equivocados.

Los abuelos de hoy (jubilados o no) tenemos vida propia. En ella nuestros hijos y por supuesto nuestros nietos, tienen un papel muy importante. El más importante, sin duda. Pero no exclusivo.

Partiendo de esa base, nos gustaría poder debatir sobre la intensidad, calidad y frecuencia de esa colaboración que estamos dispuestos a prestar.

Yo lo llamo Voluntariado Familiar; y esto, como su propio nombre indica, nunca debería ser obligatorio, ni mucho menos impuesto, bajo una mascara de chantaje emocional.

Nosotros -queridos hijos- ni podemos, ni debemos, ni queremos, en estos momentos de nuestra vida, ser "padres" o "madres". Ya lo fuimos.

Con mejor o peor fortuna hemos criado (o malcriado) a uno o varios hijos según los modos y formas de nuestros tiempos. No era ni mejor, ni peor; sencillamente era distinto. Porque cada generación es diferente.

A mi abuela, por ejemplo, su hijo (mi padre) la llamaba de usted.

Cuando llevaba al parque a mis primos, los sujetaba con una cuerda larga, para que no salieran a la calzada donde los coches pudieran alcanzarles.

Menos mal que solo eran dos; ya me veo yo a la abuela Felisa, cual tribuno romano, paseando su cuadriga por el recién construido barrio madrileño de Moratalaz.

Eran otros tiempos, otros modos y otras costumbres.

En una generación posterior, a la abuela Tere nadie le hubiera permitido lo de la cuerda. Una de sus reflexiones favoritas era dejar claro a todos *"que los abuelos estaban para malcriar a los nietos"*.

Y así lo hizo durante los años de vida que coincidió con ellos. Convocaba a un nutrido número de comensales entre 2 y 14 años para invitarlos a comer en los mejores lugares de la ciudad.

Hacía de Page Real cuando tocaba o pasaba las horas muertas enseñándoles ganchillo y punto de cruz, sentada en una silla baja, en aquel pequeño comedor con las paredes amarillentas por el humo del tabaco.

Jamás la vi resolviendo tareas del cole, no era su misión.

Nunca transportó a los retoños, tal vez, porque no tenía carnet de conducir.

Eran abuelos realmente felices porque tenían la oportunidad de disfrutar de la mejor parte de los nietos.

La otra, la tediosa, la marimandona, nos quedaba siempre para los padres; o al menos, esa era mi percepción.

Hoy día, no es así. Pasamos tanto tiempo con los nietos que no nos podemos permitir malcriarlos y si los atamos en modo cuadriga, terminaríamos -con razón- denunciados por malos tratos.

Sí, son otros tiempos, para los padres y para los abuelos.

Cada uno deberíamos asumir nuestro papel y no crear transferencias, interferencias ni exceso de dependencias.

Más de un psicólogo lo ha publicado, pero yo lo voy a contar con mis palabras.

Al margen de parientes, más o menos cercanos, de primer o segundo grado, con mayor o menor relación personal, el núcleo familiar se circunscribe a Padres e Hijos y a ellos se suman, necesariamente, los Abuelos paternos y maternos.

Al menos seis opiniones, seis criterios, seis líneas de actuación y seis bienintencionadas personas, para un solo ser. Macho o hembra de nacimiento y reconocido como él, ella o elle de convicción.

De criar, todo el mundo entendemos. Al más mínimo problema o adversidad nos sale el pedagogo o pediatra que llevamos dentro.

A modo de tertulianos, sin ningún rubor, sentamos cátedra sobre los mejores sistemas educacionales o las mágicas fórmulas farmacéuticas para aliviar el dolor de los primeros dientes o las primeras reglas.

Creemos saber, por experiencia o no, cuando hay que apretar o ceder ante los retos diarios de un enano que sabe lo que hace para conseguir su objetivo: primero que le mezas, luego que le cojas, después que juegues con él y, finalmente, que le dejes el mando de la tele.

¿Cómo aunar criterios entre tanto criador?

Ya os lo digo yo ¡imposible!

Haría falta un Manual de Procedimientos con el mismo nivel de detalle del que llevan los pilotos en un Airbus 350 y aun así, el niño sabría qué tecla tocar en cada momento, dependiendo de cuál de los seis "educadores" intenta aterrizar o estrellar la nave.

A lo largo de la vida las preguntas "trampa" van llegando de forma educada, inesperada e insistente.

Lo que es importante para ellos es prescindible para ti. Aquello que ven necesario, tus ojos lo convierten en capricho.

Es fin de semana. La línea *ABUELBUS* no tiene servicio escolar; pero olvídate de librar.

Con una u otra excusa, o incluso a veces con razón, cuando menos lo esperemos *"K`LABUELA"*, comidas y bebidas, colgará el cartel de "completo".

La VISAbuela
Vals del TPV para soprano (Allegretto)

Ya he dicho al principio de este Manual de Resistencia Pacífica, que soy el único responsable del uso, bueno o malo, que aquí se hace de las palabras.

En estos momentos quiero fijar la atención en la importancia de las letras; de una sola letra.

La Bisabuela, como todo el mundo sabe, es la madre de la abuela o del abuelo. Generalmente de edad muy avanzada. Se identifica como un personaje del núcleo familiar, que, habiendo sobrevivido a la condición de abuela, ha obtenido un grado superior.

De ello podemos deducir que, por suerte, ser abuelo no mata.

La Bisabuela abre los ojos como el portón de una catedral gótica cuando aparecen los bisnietos. Por su cabeza solo pasa un pensamiento "*ha merecido la pena vivir tanto*".

Está en el pico más elevado de la pirámide. Desde allí no tiene que preocuparse de nada; solo de disfrutar.

Soporta con paciencia y cariño los excesos de un montón de niños que, cada año, vienen a soplar las velas con ella, porque puede que sean las últimas.

La Bisabuela solo desprende ternura y amor por los suyos. Deja de verlos solo cuando sus ojos o su cerebro se cierran para siempre.

La otra, la *VISAbuela* tiene otro perfil. Otro oficio.

Se dedica por lo general a hacer la compra, siempre acompañada de su hija (o de su hijo, en menor medida, porque las convenciones sociales aún tienen que superar ese tinte machista).

"Mamá, los niños necesitan..." es un principio de frase también muy escuchada en el difícil arte de abuelear.

Cuando los hijos vienen con ese son, la *VISAbuela* sale al rescate, aunque tenga que suspender todas sus clases, talleres, cenas y debates estériles con las contertulianas sexagenarias.

Si es periodo de rebajas, estás de suerte. Si no, antes de salir de casa, amplía el límite de la tarjeta porque esa tarde la vas a fundir.

Os recuerdo que el preámbulo que escucha toda *VISAbuela* contiene una de aquellas famosas preguntas "trampa".

- *¿Tienes algo que hacer esta tarde?*...

Pues no sé lo que tendrías previsto hacer aquella tarde, pero sí sé lo que harás:

Te recogerá la niña con su coche (para que no te molestes) y ambas recorreréis el centro comercial de moda para aprovisionar a los niños con pantalones, faldas, polos, chándales y todo lo que haga falta para la temporada que se avecina.

Ha terminado la guarde y el pequeño acompañará a la mayor en el cole. Al pedido de confección hay que sumar el de librería, incluidas las famosas y pesadas mochilas.

La *VISAbuela* se ha dejado un pico de la pensión y la madre, para evitar cargos de conciencia, suelta aquello de *"yo solo te pedí que me acompañaras, pero mamá, te has liao"*

Está claro; una cosa es la Bisabuela y otra la *VISAbuela*. Y solo cambia una letra.

¡Ojalá llegáramos todos a ser bisabuelos!

Los frescos del barrio
Coro (Adagio repetitivo)

Lejos de limitarnos al ámbito de la confección o la librería, existe un "super" que también forma parte del holding familiar: *MERCABUELOS*.

En honor a la verdad hay que decir que el usuario de este hipermercado tiene un perfil un poco más amplio.

No es necesario que haya convertido en abuelos a sus padres; con vivir en otro domicilio, ya puede sacar la tarjeta VIP y hacerse con los mejores productos de primera, segunda y tercera necesidad. Frescos y congelados.

Obtener -que no comprar- las viandas en *MERCABUELOS* es una técnica de abastecimiento bastante reciente, originada por el menor nivel de ingresos de los jóvenes y, algunas veces, por el mayor nivel de comodidad de estos mismos.

Dicho con otras palabras, desde que nuestra generación éramos hijos hasta que ahora somos abuelos, la cosa ha cambiado radicalmente.

En casa de mis padres, por ejemplo, se compraba lo justo para el día. Las mejores tajadas del pollo, las chuletas de palo y la fruta sin golpes siempre se las teníamos que dejar al progenitor; aquella figura incontestable que se sentaba a la mesa y aquí me las den todas.

Desde muy pequeño, harto de levantarme a por el pan, el agua y todo lo que faltase; aburrido de ver la tele de espaldas, soñaba con aquel momento en el que la naturaleza me situara en el mejor lugar de la mesa, frente al televisor y con el mando en mis manos.

Lástima, los tiempos cambiaron. Lo llamaron avances, pero yo retrocedí y he vuelto a la casilla de salida.

Los padres ya no somos incontestables. El artilugio de los botoncitos de colores no es nuestro y las mejores tajadas se reservan, primero a los hijos y después a los nietos.

El abuelo medio, temeroso de los rigurosos análisis periódicos y de la severidad del médico de cabecera, mira el embutido y los torreznos de la misma forma que, cuando era niño, apoyaba la frente en el cristal de la confitería con los pasteles alineados en perfecta formación.

Recorre, de arriba abajo, de izquierda a derecha, todas y cada una de las bandejas y cajones del frigorífico con los artículos prohibidos.

Mermelada ni tocarla que tiene mucho azúcar; embutido tampoco que sube el colesterol y los yogures (que son sanos) están reservados para los nietos; eso sí, -pienso yo para animarme- solo tengo que esperar a que caduquen y ya nadie me pondrá pegas.

Hoy es 23 y tienen fecha del 26, solo faltan 3 días.

Entre lo que se comen "in situ" y lo que se llevan, hay que rellenar el frigorífico con más frecuencia que cuando todos vivíamos en casa.

Lo mismo ocurre con el congelador: carne, pescado, fritos, helados... Hasta la fruta y verdura se queda corta si algún nieto está en fase "papilla".

Todos (o casi todos); siempre (o casi siempre) hacen la compra en **MERCABUELOS** porque hay grandes ofertas permanentes: *"Llévate 2 y no pagues ninguno"*.

Los abuelos -encantados de colaborar- nos convertimos en reponedores y ojo que no falte de nada, porque te llevas la bronca y pueden abrirte un expediente disciplinario, con aviso de suspensión de empleo y sueldo.

Esta situación solo es superable por aquellos hijos que, además de hacer la compra en el frigorífico de los progenitores, visitan la sección de "comida preparada" y salen tan contentos con el táper para varios días.

No tienen tiempo, no tienen dinero, no tienen ganas…. ¡coño! no tienen de nada.

A estas alturas de la ópera ya sabéis que soy de buscar el lado positivo de las cosas y hasta **"MERCABUELOS"** tiene el suyo.

El otro día, escuché a uno de los pequeños balbuceando frente a uno de los altavoces:

"Aleta atunta bicotos de tocholate en la lita de la tompra…"

Y lloré. Os juro que lloré cuando comprobé que los bizcochos realmente se habían terminado y Alexa contestaba al niño, con voz robótica: *"He anotado bizcochos de chocolate en la lista de la compra"*.

Moscosos y Canosos
Coro reivindicativo (Moderato)

No se trata de medir con una planilla las horas que hemos dedicado a la crianza de los hijos, ni mucho menos las que estamos dedicando a los nietos, pero sí hay que poner de manifiesto una gran diferencia: el compromiso, la fuerza y la voluntad de cada momento vital es diferente.

En un ambiente distendido, porque de estas cosas es de lo que se habla en la tertulia de la caña de los jueves, planteamos entre los abuelos jubilados los *"Moscosos"* que nos deben o la compensación de días libres por festivos trabajados.

Toda la lucha obrera de los últimos 100 años se viene abajo cuando se trata de ejercer de "chachos" y "chachas".

Los mismos que hoy en día se benefician del teletrabajo o de la baja por maternidad para ambos miembros de la pareja, no suelen tener en consideración los derechos del personal de servicio, tal vez porque se trata de la familia.

Es frecuente, demasiado frecuente diría yo, escuchar a los contertulios sexagenarios abrir el debate del Tiempo, ante la imposibilidad de elegir día y hora para sus propias actividades; ya sean viajeras, deportivas o sencillamente sentir el placer de la sombra en verano y el sol en invierno, rodeado de buenos amigos.

El Curre, que fue maestro sindicalista y por lo tanto acostumbrado a enseñar y reivindicar, desde su tarima del conocimiento, pero ya sin pizarra detrás, habla del Tiempo en los siguientes términos:

"Queridos amigos:

El Tiempo es la medida que hace realmente iguales a todos los seres de la tierra. Nadie puede comprar, vender o acumular el Tiempo. El día tiene 24 horas nos pongamos como nos pongamos.

Para los abuelos, el Tiempo limita al norte con el periodo escolar, al sur con la jornada laboral de los progenitores, al este con la situación económica y al oeste con las ganas que tengas de comerte más de un marrón".

Sabias palabras las suyas. En cualquier caso, nunca te plantean -como marca el Estatuto de los Trabajadores- cambiarte un festivo por días de permiso o sumar horas nocturnas para obtener un día de libranza.

Poniéndonos un poco exquisitos (o no) somos lo que siempre se ha denominado "mano de obra barata", sin derechos laborales y a plena disposición.

Dedicamos gran parte de nuestra vida senior a una sola causa: arrimar cabeza, tronco y extremidades para que el Casteller no se derrumbe y no se caigan los Xiquets (de Valls o no).

Nos suben a una locomotora, con poca fuerza, que tira de los vagones que la naturaleza, el deseo y el amor, han colgado tras ella en forma de niños. A los abuelos nos toca empujar cuando el motor se calienta; cuando falta combustible o cuando la vía está en mal estado.

Si aún estás en activo, la ayuda se comparte a modo de pluriempleo y al menos se respeta tu jornada de trabajo (si es por cuenta ajena).

Después, cuando te jubilas, se demandan tanto tus servicios, que tienes que dedicarte "full time" a las nuevas labores propias de tu sexo y condición.

Tomamos la iniciativa. Nos ofrecemos, en ese afán inicial por ayudar, creyéndonos imprescindibles.

Con el paso del tiempo, nos damos cuenta de que hemos cambiado un periodo que debería ser "jubilar" por otro que no se me ocurre como calificar.

¡Todo es poco para ellos!

No conozco ningún pedagogo, psicólogo, sociólogo o especialista del ramo, que se haya atrevido a establecer unas tablas, unos estándares, una referencia objetiva. Algo que, a los afectados, nos permita saber en qué momento se ha superado la línea entre la necesidad y el abuso; la ayuda y la dependencia.

Es tan intenso el nivel de implicación, que cada año tenemos que organizar el cuadro de vacaciones en familia -como cuando nuestro jefe de personal nos pedía en enero comunicar nuestras vacaciones anuales, para programar como se organizaría el trabajo.

Criar hijos o nietos, no es una actividad laboral ¡pues claro que no! Es una dedicación, un quehacer, una misión en la vida, un proyecto... y una ilusión.

Pero todo quehacer lleva su tiempo y por mucha ilusión que nos haga volver a criar, si de algo carecemos las personas mayores, es precisamente de tiempo.

No es que vayamos a desaparecer mañana, pero nadie puede cuestionar que tenemos ya más pasado que futuro.

Y a lo mejor, con ese futuro, queremos hacer alguna cosa más que dedicarlo exclusivamente a la cría de pequeños seres, venidos a este mundo, para ser criados por sus padres... no por sus abuelos.

Retomando la teoría de los conjuntos, ahora, además de leer, haremos un ejercicio práctico que sitúe la verdadera relación familiar de cada uno.

Para eso he dejado deliberadamente un espacio totalmente en blanco en las páginas de este manual. Solo hay que reflexionar y dibujar.

- Primero: Haz un círculo aproximadamente de 5 cm. de diámetro. Lo llamaremos abuelos.
- Segundo: Haz otro círculo igual, sobre el primero, haciendo coincidir aproximadamente el porcentaje diario de tiempo que pasan los abuelos con los nietos. Lo llamaremos nietos.
- Tercero: Traza un tercer círculo del mismo diámetro superponiendo las horas que pasan los hijos con sus padres (sin contar las horas de sueño, que eso es trampa).

Analiza la intersección de los conjuntos y si ríes o lloras solo es cuestión tuya.

ESPACIO PARA EJERCICIO DE INTERSECCIÓN RELACIONAL

ACTO III

Barrio Sésamo
Dúo del Príncipe y la Alhaja (Vivace)

Cuando nuestros hijos abandonan la malla de alambre hexagonal para poner sus huevos en otro gallinero, fuera del nuestro, nos inunda una sensación que los estudiosos han denominado *"síndrome del nido vacío"*.

Yo, que soy menos ortodoxo, canto aquello de

"Algo se muere en el alma cuando un amigo se va…"

A priori, nunca se sabe qué es mejor. Cuáles serán las consecuencias, las ventajas y los inconvenientes de que el nuevo gallinero se fije, más o menos, lejos de nosotros.

Aquello de un trabajo bien remunerado, para toda la vida y cerca de nuestra casa, ha pasado a la historia.

Hoy, bastante tienes con encontrar un trabajo medianamente remunerado, dure el tiempo que dure y esté donde esté.

Lógicamente, la nueva situación acarrea unas consecuencias sociales.

Cada vez son más las parejas que se establecen fuera de su localidad de origen; alejados de su infancia, sus recuerdos y una familia que les pueda apoyar con regularidad.

Estos, los que cruzan las fronteras en busca de mayores posibilidades laborales y económicas, están destinados a vivir "solos".

No tienen a mano *GLOBOBUELO*, *ABUELBUS*, *EL YAYO VELOZ* ni *MERCABUELA* (todas marcas registradas)

Sienten, como toda la vida, la impotencia que sufren los padres porque no llegan a todo. Por mucho que madrugues y tarde que te acuestes, el cesto de la ropa sigue hasta arriba y del tendedero del salón, junto al radiador, permanentemente cuelgan pantalones, camisas, bragas y camisetas.

Él ha aprendido a cocinar, hacer papillas, bañar a los niños y a cambiar pañales (con los ojos cerrados del asco que le da).

¡Si le vieran sus padres! Aquel "principito" que ponía el grito en el cielo cuando la raya del pantalón no estaba lo suficientemente marcada. Él que se encontraba la cama hecha y el pijama doblado cada día.

Ese noctámbulo festivo que transitaba por la casa en horas intempestivas y se comía al llegar el plato que su madre le dejaba preparado en el microondas.

"Mi niño" que dicen todas las madres y algunos padres.

A su lado, la otra, la Alhaja. La que lucía sus mejores galas cada tarde, después de unas largas sesiones de manicura, pedicura y peluquería. También estudiaba. Empollaba mucho porque ella tenía claro que nunca dependería de ningún hombre.

Ayudó a su novio a sacar las oposiciones mientras ella hacía un Máster. Fue la que tiró del carro para irse a trabajar a la capital, ante unas mejores expectativas de desarrollo profesional.

Allí están los dos; titulados, con un buen trabajo, dispuestos a escalar a la cumbre del éxito, rodeados de ropa y niños.

¿Qué hacen los abuelos en estas circunstancias? Lo de siempre. Lo que pueden.

Si la situación es extraordinaria y puntual se trasladan uno o dos días para una cobertura inmediata. Lo llamaremos Prestación por Obra y Servicio.

Algunas veces el sentido paternal y maternal de los "papis" no les permite separarse de sus retoños, obligando a los abuelos a ir y venir durante el tiempo que haga falta.

Que los abuelos tengan que hacer diariamente más de 50 o 100 kilómetros no es un obstáculo para que el Príncipe y la Alhaja duerman con sus hijos. En un alarde de compromiso paternal, lo prioritario es que los niños puedan continuar (sin falta) en el colegio que han elegido.

Y ya de paso que vienes, me traes cuatro cositas del "súper" que se me han terminado. Y ya que estas aquí déjame tendida la lavadora. Y ya que...

Ante este panorama, más frecuente de lo que parece, algunos abuelos están deseando que lleguen las vacaciones, porque prefieren tenerlos alojados a pensión completa y se ahorran el transporte.

En cualquiera de los formatos, el denominador común es "abuelos al rescate". De un día para otro, requieren nuestra asistencia ante los inconvenientes e imprevistos que se producen.

El que vive esta situación tiene la sensación de Bombero de Servicio. Duerme con el uniforme de trabajo preparado, el depósito lleno y los dos teléfonos en la mesilla por si a uno se le acaba la batería.

De hecho, el tono de llamada de nuestros hijos lo tenemos identificado con cinco "bips" y el encendido de una luz roja intermitente.

Cuando suena y la luz roja se enciende, sabemos que se trata de una emergencia.

¡Menos mal que dormimos con las botas puestas!

Cogemos la pequeña maleta que siempre está preparada con un ato cómodo y cambio para dos días. Como si del séptimo de caballería se tratara, nos echamos a la carretera porque, a las 8 en punto, nuestros hijos tienen que estar en el Ministerio; el mayor desayuna en el cole y la pequeña se queda en casa con fiebre.

Durante el trayecto, el abuelo, que suele ser más protestón, lanza una pregunta al aire: ¿Pero los días de asuntos propios no eran para estas cosas?

"Tu cállate y no la líes -dice mi señora mientras aparcamos- *que siempre sacas punta a todo".*

Yo, obediente, me limito a preguntar donde está el termómetro y el Apiretal.

¿Las bicicletas son para el verano?
Aria para tenor (Vivace)

Junto a épocas especialmente significativas como Navidad o Semana Santa, con la llegada del verano se pone en marcha la "trituradora de abuelos".

En este intenso periodo de convivencia, más o menos armoniosa, las características de la vivienda familiar son determinantes para la resistencia pacífica: casa en el pueblo, chalé adosado o piso.

Hay otras muchas variables, pero estas tres pueden agrupar la mayoría de las situaciones que se producen cuando llega el calor. El resto, son excepciones.

Ya tuvimos la dicha de asistir a la graduación (primera, segunda, tercera, cuarta...) las notas aparecen en el programa que a estas alturas debería denominarse "PAMAS" (y no PAPAS) y las mochilas muestran unas heridas que ya no cicatrizarán jamás.

Después de varios meses arrastradas por maleteros de coches, pistas polideportivas, parques y jardines, escaleras y ascensores, las ruedas ya no soportan ni una vuelta más.

Su interior contiene tantos restos de fruta, migas y virutas de lapicero, que lo mejor es tirarlas porque ni siquiera valen para reciclar.

¡A la basura! Ya vendrá septiembre y la *VISAbuela*.

Desprovistos de todo elemento que nos pueda recordar el periodo lectivo, llega el momento de veranear; según y cómo.

Previamente nos hemos cerciorado de no haber hecho ninguna reserva vacacional que dificulte la guarda y custodia de nuestros nietos; que para eso se publica con mucha antelación el calendario escolar y tenemos la reunión familiar de coordinación a primeros de curso.

Ningún abuelo, experimentado y con sentido de la responsabilidad, comete la insensatez de programarse un viaje o estancia vacacional para ellos solos, entre junio y septiembre. Semana Santa o Navidad.

Nuestra principal y única labor será atender las necesidades estivales de los herederos.

A la casa irán llegando niños, a primera hora de la mañana, en régimen de media pensión, pensión completa o alojamiento y desayuno.

Semanas antes, te habrás preparado estudiando videos de YouTube donde se explica, con todo lujo de detalles, cómo hacer figuras con papel maché, el secreto del reciclado de los botes de refrescos, la estampación en camisetas o la mejor técnica para hacer tatuajes reversibles.

Todo lo que haga falta para no escuchar la frase lapidaria más común de las vacaciones: *"abuelo, me aburro"*.

Si tienes la suerte de ser de pueblo (porque en estas situaciones ser de pueblo es una gran ventaja) entre ir a la huerta a recoger tomates y pimientos; regar los setos y jugar un rato con los perros, prácticamente los niños han ocupado la mañana.

Cuando ya aprieta el calor, un baño refrescante. En la parcela existe una pequeña alberca con agua de pozo, tan fría, que solo la resisten los chavales.

Tú, te pones el bañador, la camiseta y el gorro de paja con publicidad de las semillas de los tomates. Te trasformas en un auténtico vigilante de la playa. Con menos abdominales y más tripa, pero igual de eficiente.

En la cocina de campo, al fresco mientras se pueda, la abuela cocina para todo el que llegará a la hora de comer.

Cada mañana, la tensión se dispara contando cada 30 segundos cuantas cabecitas flotan y controlando que un nieto no se tire encima del otro.

Jamás pensé que el título de socorrista acuático, que guardo junto a mis recuerdos de juventud, me resultaría tan útil 50 años después.

Hemos comido. Los niños de ahora ya no duermen siesta. Los padres llegan tan cansados de trabajar que la jornada "abuelar" se prolonga para que ellos (los padres) descansen.

Con la autorización pertinente, se reparten todo tipo de consolas, "tablets" y teléfonos para que cada niño se entretenga un rato. Mientras, yo aprovecho para ver el Tour de Francia (es decir, sitúo la etapa, me duermo 20 minutos y despierto para ver justo la llegada a la meta).

¿Nadie se ha preguntado por qué los abuelos seguimos durmiendo la siesta como toda la vida?

Yo sí. Cuando éramos niños, nuestros padres - porque estábamos con nuestros padres- nos obligaban a echarnos en la cama, sí o sí.

Bajo la amenaza de un castigo -o lo que es peor un zapatillazo- al final terminábamos durmiendo un rato o, al menos, permanecíamos tranquilos y callados.

Leíamos tebeos de Hazañas Bélicas, Mortadelo y Filemón, Doña Urraca o nos sumergíamos en los viajes de un tal Tintín, recorriendo un mundo nuevo que se abría ante nuestros ojos como algo inalcanzable.

La siesta era "sagrada" y transcurría plácidamente a la espera de cualquier señal que nos indicara que el cabeza de familia se había levantado.

En toda la casa no se oía ni una mosca. Solo había una tele (apagada) y sentíamos menos calor porque los tabiques eran tabiques y los muros, muros.

Un botijo de agua fresca del aljibe y un pequeño ventilador -en el mejor de los casos-, eran nuestras herramientas para sobrevivir, esperando poder salir a la calle que era donde realmente transcurría nuestra vida junto al resto de chicos y chicas del barrio.

Ahora, en pleno siglo veintiuno, niños y adultos se aferran a la tecnología desde que amanece hasta el ocaso.

El calor solo es soportable si enciendes el aire acondicionado. La tele solo es útil si tienes Netflix, Amazon Prime, Orange o Movistar y el mejor amigo de correrías es el FIFA25.

Y los abuelos ahí, al pie del cañón, capeando el temporal (o mejor dicho, la calor). Buscando cómo hacerles levantar la cabeza de la pantalla táctil para enseñar a nuestros nietos el antiguo arte del ajedrez.

Rey, reina, alfil, peones... toda una manifestación de ingenio, memoria y estrategia en nuestras manos. Sí, entre nuestros dedos, no en un cristal.

Bueno, pienso yo, será esto la evolución de la especie y lo que pasa es que los abuelos, por muchas camisas de flores que nos pongamos, estamos desfasados.

Será eso.

Sin embargo, cuando te preocupas de prestarles atención y empleas grandes dosis de paciencia, si pones sobre el tapete un dominó, terminan identificando el "pito blanca" y "el coche de los toreros".

Al final del verano, la mesa de mármol del patio ha vuelto a sentir los golpes del "mano dura" colocando con firmeza las fichas de marfil blancas y negras.

Con los juegos digitales, cuando llega la hora de acostarse solo hay que tocar el botón "off". No necesitamos ejercer nuestra autoridad para que la habitación quede recogida de coches, cocinitas, muñecas, construcciones varias y la colección de libros de aventuras esparcida por la cama.

Ya se ha puesto el sol en la huerta, en el patio o en el balcón.

El abuelo se queda guardando las 28 fichas en la caja de madera... porque los nietos solo están acostumbrados a apagar y encender.

En la casa del pueblo, los niños duermen tranquilos después de reconocer las estrellas con unos viejos prismáticos ideales para identificar la Osa Mayor, la Osa Menor y el resto del zoo celestial.

En otros casos, después de cenar al fresco, la visita se marcha y los guardeses encuentran, por fin, el descanso ¿eterno? No, solo por unas horas. Al día siguiente, con el sol, volverán las oscuras golondrinas en forma de princesas, bañistas, futbolistas y bailarines.

En un piso, la cosa empeora bastante. Me atrevo a aconsejar desde aquí a todas las parejas jóvenes que puedan, que elijan una casa en el pueblo o un adosado con patio; no solo para criar a los hijos, sino para poder sobrellevar mejor, en un futuro, a los nietos.

La vida pasa más deprisa de lo que parece.

En verano, en un piso, dos nietos son una multitud.

A las 7AM suena el portero automático. Mi nuera trae a uno dormido en brazos y al otro, ya enfadado, por sacarle de casa tan temprano cuando no hay cole.

El pequeño va directo a la cama de la abuela para que siga durmiendo otro rato (el niño, no la abuela). El mayor, busca en el mueble de la cocina los bizcochos de chocolate, a ver si endulzan su precipitado despertar.

Nosotros ya nos hemos colgado el mandil, dispuestos para hacernos cargo de la guarde, el campamento y los cuadernos Santillana, porque el zagal va un poco flojo en escritura.

Si nos cunde, a las 11.30 estaremos listos, con el equipaje de mano preparado.

Somos de los primeros en llegar. Preferimos esperar unos minutos en la puerta, antes de que abran, para que nadie nos quite el mejor sitio *"a la sombra de los pinos"* (como dice la canción).

Dos bolsas y dos sillas de camping son nuestro equipo de campaña para pasar la mañana, al fresco, en la piscina municipal.

Curiosamente la zona sombría se va llenando de niños acompañados por señoras y señores mayores, muy mayores; como si una epidemia hubiera exterminado a la generación intermedia. No hay padres, no hay madres. Las edades de los bañistas oscilan entre 1 y 14 años y la de los cuidadores entre 60 y 80.

Solo un par de madres en paro y un padre con una invalidez permanente, aprovechan sus circunstancias laborales para pasar ese tiempo con sus hijos.

Allí se juega al tute, al mus y al dominó. Pero que no se alarme nadie, en ningún momento se pierde de vista a los niños.

La pareja que pierde, en este caso no paga una ronda de cerveza fresca, su castigo es levantarse de la mesa para vigilar a los bañistas.

Sí, en las instalaciones hay una joven socorrista titulada, pero los ojos de un abuelo, aunque sea con gafas progresivas, son infalibles.

A la 1PM, en punto, aparecen otros 30 niños del campamento urbano cercano. No tienen la suerte de contar con la disposición de los abuelos y pasan la mañana "recogidos" en las instalaciones del colegio, bajo la tutela de un grupete de monitores, que tratan de sacarse unos eurillos para luego pagarse un festival de música de cuatro días.

La llegada de los campistas urbanos es un momento crítico. De pronto, el agua se inunda de niños y ya no sabes si las cabezas que afloran son propias o ajenas.

¡Hasta la socorrista tiene que dejar el móvil y levantar la cabeza!

Por suerte, la invasión solo dura media hora e inmediatamente las aguas vuelven a su cauce (nunca mejor dicho).

Esto de jugar a las cartas en la piscina es un clásico; pero jamás había visto tanto interés por no perder ni una sola partida que te obligue a levantarte de la mesa para contar niños flotando.

A las dos en punto, recogemos el chiringuito y vamos camino del calor del hogar. Papá y mamá llegarán cansados de trabajar y los abuelos tienen que tener todo listo: mesa puesta, comida a punto y niños agotados para que no den guerra.

Con la temperatura que hace en nuestro 3ºD, sin ascensor, al menos tenemos la certeza de que, después de comer, se irán a su casa, que tiene aerotermia.

Mi mujer dice que pongamos aire acondicionado en el piso, pero yo le digo: *"es mejor que no cariño"*.

Y así un día y otro. Una semana y otra... preguntándonos cuando llegarán las merecidas vacaciones (para nosotros).

Habrá un momento -esperamos- en el que el padre y la madre tendrán sus días de permiso, en la playa o en la montaña, pero con sus hijos.

Efectivamente, así es. Pero solo 15 días. El resto los han dejado para las compras de navidad y el viaje anual que hacen en familia a la nieve, aprovechando la Semana Blanca.

Si queréis, veniros -nos dicen-; el apartamento está en primera línea de playa y cabemos todos.

Los abuelos, sin necesidad de mirarse a los ojos; sin la más mínima sensación de envidia -ni sana ni de la otra- con mucha inteligencia, declinan la invitación.

"No queremos molestar", argumentan con toda la educación e hipocresía que son capaces de emplear.

Al día siguiente, a la hora de costumbre, no suena el portero automático y prolongamos nuestra estancia en la cama (aunque solo sea para dormir).

Preparamos desayuno para dos y me atrevo a comerme un trozo de bizcocho de chocolate que ha sobrado y un yogurt que caducará mañana.

Con una sola bolsa y las dos sillas, salimos camino de la piscina. Voy dispuesto a jugar a las cartas relajado; concentrado exclusivamente en el juego. Hoy no me importa perder; los que no llevamos nietos estamos exentos de la vigilancia de la pileta aunque no ganemos.

Durante las dos semanas de liberación aprovechamos para recargar las pilas. Pronto tendremos de vuelta a toda la tropa. Quedan otros veinte días de intensa actividad antes de que empecemos los coles.

Con mi mejor ánimo e intención, me encuentro en el aeropuerto. T-2 llegadas nacionales. El vuelo TF 141 procedente del aeropuerto de Los Rodeos en Tenerife viene con retraso. Mi señora se ha quedado en casa porque todos no cabemos en el *ABUELBUS*. Espero pacientemente a que las pantallas anuncien la puerta por la que saldrán mis peques. La espera merece la pena.

Una hora después, dos niños se adelantan al carro de sus padres y corren hacia mí. En ese momento no puedo contener la emoción y siento, realmente, cuánto les he echado de menos (a los niños, no a los padres). Es la señal inequívoca de que las pilas se han recargado.

Días después, la Patrona de Septiembre anuncia el final del verano. Como en cualquier película romántica la historia se repite.

La nieta adolescente aprovecha los últimos días en el pueblo para determinar si besa o no a ese chico con el que ha compartido una nueva temporada de *"Verano Azul"*.

Mientras ella se decide, yo me como a escondidas los últimos bizcochos de chocolate, aunque no hayan caducado.

Y colorín colorado el verano ha terminado.

Programación de actividades: usos y costumbres
Coro de voces blancas (Prestissimo)

Antes de que las carreteras se colapsen, los trenes quemen las catenarias y los aviones sobrevuelen el aeropuerto una y otra vez esperando su turno para aterrizar, los departamentos de marketing ya han puesto en marcha toda su maquinaria pesada.

Tienen que hacer llegar a las familias el nutrido material escolar que la innovación de las "Tablets" no ha conseguido, aún, eliminar. (Sobre todo porque a la industria gráfica tradicional no le interesa).

Los más eficientes hacen la compra interna de libros en el mercado de segunda mano del propio colegio. Otros, los previsores y pudientes parten de cero y ya hicieron la reserva en el centro comercial, para no quedarse sin el lote completo para sus niños.

En honor a la verdad, esta fase la suelen asumir directamente los padres; pero que no se relaje nadie porque existen daños colaterales irreparables.

Cuando te salte en Facebook una oferta de "mochila térmica, con ruedas y cargador USB", ponte a temblar; son los prolegómenos de la nueva campaña.

Ve poniendo a punto el *ABUELBUS*. Presión de las ruedas, nivel del aceite, sillas supletorias y maletero despejado.

Aunque haya cambiado el trayecto, la línea sigue activa. Un mail de tus hijos adjuntando una hoja de Excel con casillas de vivos colores, te informará de la programación establecida para los próximos meses. Descárgalo y guárdalo en "favoritos", lo vas a necesitar.

A las 7,45 recogerlos en su casa para llevarlos al desayuno escolar. Jornada intensiva de clases, comida y parte de la tarde actividades extraescolares en el propio centro, hasta las 17,00.

A esa hora, en punto, me planto en la puerta del cole para recoger a uno, dos, tres o los que toquen.

Los lunes y miércoles los llevo a inglés; martes al logopeda y jueves a música.

Durante el trayecto meriendan como si el coche fuera una Camper. Allí quedan restos de papel de aluminio, recortes de pan de molde y envases vacíos de batidos de cacao. (No quiero citar marcas que no me patrocinan).

Emulando a los ciclistas sacrificados de la ruta, la mayoría de los niños tienen su personal "avituallamiento" en carrera.

En el maletero, aunque es grande, ya no cabe más. Las mochilas, los patines, uno o dos balones, el violín en su funda y una bolsa de ropa... para por si acaso.

Previamente, hemos tenido que enganchar las sillas infantiles que se van adaptando en función de la edad, peso y medida del viajero (os acordáis del Isofix).

Lo dicho, he camperizado el C-5 para que el transporte escolar sea cómodo, ameno y seguro.

Falta colocar un par de pantallas en los asientos traseros; pero, de momento, a eso me he negado. Este alarde de valentía me tiene enfrentado con mi hija, mi yerno y con todos los nietos. Ellos, como niños, piensan que no se lo pongo porque soy pobre. Y yo, no se lo desmiento.

Recuerdo aquellos años de mi primer monovolumen; lo llamábamos el *"Yayo-Móvil"*, porque era capaz de llevar a mis padres, a mis suegros, a mi mujer... y yo conduciendo. No había evento extraordinario en el que no apareciéramos como una cuadrilla de toreros dispuestos a lidiar seis toros bravos.

Hoy, la función del *"Yayo-Móvil"* se ha reconvertido en la línea de Transporte Escolar *ABUELBUS*. Va de un lado a otro, por pequeña que sea la distancia.

Con el ritmo de vida actual, todo está lejos, siempre rápido y para ahora.

Como poco, de lunes a viernes, un niño dedica 10 horas del día entre actividades escolares y extraescolares. Luego tiene que hacer tareas, bañarse, cenar y dormir.

¿Cuándo juegan?

Tal vez, en un alarde de evolución de la inteligencia, la especie humana ha desarrollado los videojuegos porque no se pierde tiempo con preparaciones, cajas, piezas y montajes; sencillamente hay que pulsar On/Off.

En estos vertiginosos trasiegos diarios, padres y abuelos se van entrecruzando:

- *Tú coge al chico que yo llevo a la grande; pero a las 6 ve a buscar al de la música y llévamele a casa que mañana tiene examen. Si ves que llego muy tarde con la otra, ve preparando algo de cena, hay salchichas en la nevera y pizza en el congelador".*

   ¡Y no te vayas a comer los yogures que aún no han caducado!"

Y nosotros, los pacientes abuelos, cumplimos a rajatabla las instrucciones sin rechistar... no sea que se enfade la nuera y que su marido, mi hijo, tenga que suspender el pádel para bañar a sus hijos.

Todo esto si tienes suerte. La otra opción es que el centro operativo se monte en tu propia casa y termines bañando y poniendo pijamas.

Después del rally de extraescolares, tienes que ponerte con la tarea y explicarles (con métodos y procedimientos que nada tienen que ver con los tuyos) cuánto ha recorrido el tren de Valladolid, en 3 horas yendo a 150 km./hora. La fórmula sigue siendo la misma E=v/t. Lo que no sé cómo explicarles, es qué ocurre en esa fórmula cuando el tren se detiene porque han robado el cobre que alimenta la catenaria o hay un incendio en la vía.

O más complicado aún, te piden el ordenador para entrar en *"MiEduca"* donde dicen que tienen "colgadas" las "fichas pendientes" y se ponen tranquilamente a elaborar un Power Point, en inglés, sobre el Ajo de Las Pedroñeras.

Teniendo en cuenta que mi generación éramos de francés, la única ayuda que puedo prestarles es localizar fotos bonitas en imágenes de Google.

Esa es otra. Si además de no saber inglés no estás mínimamente al día de las herramientas informáticas básicas, ya sí que estás perdido del todo y te declaran como en la mili "inútil total".

Transcurre la estresante semana y nos levantamos ya en sábado. Mi querido hijo, el padre del músico y futbolista, se enfunda el chándal y las zapatillas de 150 pavos, que se ha comprado solo para llevar a la estrella de la casa al torneo escolar.

El viernes por la noche, antes de llevárselos de nuestra casa, insistieron sobre la importancia de que "los queridos abuelitos" se encuentren en la grada animando a la figura.

A las 9.30 en punto, con el culo sobre el helado hormigón del pabellón polideportivo municipal, mi santa y yo esperamos ansiosos el comienzo del encuentro. No empieza hasta una hora después, por no sé qué problema con los jóvenes árbitros que estuvieron de fiesta la noche anterior.

Gritos de un lado, de otro, del entrenador, del padre, de la madre... aquello es un gallinero; una locura colectiva cargando de presión a unos alevines, perfectamente uniformados, que no pueden ni con sus propias botas.

- *¡Tira!... ¡Pasa!*
- *¡Sube!... ¡Baja!*
- *¡Defiende! ... ¡Ataca!*

Y desde lo más alto del graderío, se escucha el grito de un padre que nunca ha jugado a nada:

- *¡Arbitro, cabrón, ha sido falta! ¡Me voy a cagar en la madre que te parió!*

... y lo peor de todo es que ningún otro padre, madre o abuelo le recrimina. Ni visitante, ni local.

El joven árbitro no se quiere meter en líos porque aún le dura la resaca del kalimoxo del día anterior y como le hagan soplar, aún da positivo, seguro.

Al terminar el partido, los que han ganado, los vencedores, escuchan comentarios motivadores del tipo: *"muy bien, los habéis machacao"* o *"que falta tan bien hecha, el 7 ese es un chulo"*.

En el otro bando, además de la vergüenza de la derrota, tienen que soportar aquello de *"estáis en babia"*; *"hay que correr más"* o la tan manida frase de los abuelos machos *"a mí no se me iba ni uno, o pasaba el balón o pasaba el hombre, pero no los dos"*.

Visto lo visto, casi prefiero que se haga como antiguamente. Los padres -y mucho menos los abuelos- no ocupaban los graderíos y si lo hacían se aplicaba aquello de "los mirones, se callan y dan tabaco".

Con estos mimbres y otros similares, educamos a nuestros chavales en el espíritu deportivo. Ya nadie recuerda aquello de *"lo importante es participar y divertirse"*.

Cualquier persona que frecuente los graderíos deportivos (fundamentalmente de futbol) comprueba cómo el futuro aficionado fanático, hincha y ultra, se está gestando en esas ligas infantiles donde la falta de espíritu deportivo y la mala educación campan a sus anchas.

¿Quién no ha juagado en el patio con su nieto futbolero y este, en lugar de entrenar el tiro a puerta, se ha puesto a ensayar un "piscinazo"?

También ocurre -aunque con menos frecuencia- que el partido finaliza cruzándose ambos equipos en la cancha para darse la mano; animando al perdedor y felicitando al ganador.

Algunos adultos lo ven como "un gesto" pero otros siguen pensando que *"el 7 se merecía la patada porque es un chulo"*.

Mientras me lamento de las carencias educacionales y emocionales actuales, fruto, seguro, de la distancia generacional, un WhatsApp me alerta.

En el grupo "La Familia Feliz" mis hijos han quedado para comer, a la una del mediodía, con aperitivo incluido... y en mi casa.

El domingo es para pasarlo en familia, argumentan.

Y yo susurro en voz baja porque no me atrevo a exteriorizarlo y mucho menos a escribirlo, *¿pero el domingo no era para descansar?*

Niños con seis padres
Sexteto para cuatro sopranos y dos bajos
(Andante)

Me han dejado al pequeño. Con su babi a cuadros, de color rojo, está para comérselo.

Como entra a las 11.30 y sale una hora después, sus padres no pueden hacerse cargo de este rarísimo horario denominado académicamente "periodo de adaptación".

Supongo que algún día se hará público el estudio teórico-práctico de adaptabilidad escolar, donde se llegó a la conclusión de que los peques tienen que ir poco a poco, antes de afrontar una jornada completa.

En la tertulia de Sabios de los Jueves entendemos que tiene que ser muy duro para los profes arrancar un curso con más de 25 "lereles" que por primera vez tienen que someterse a la disciplina de un aula; cada uno de su padre y de su madre... y de sus abuelos y sus abuelas.

Antes o después, se termina por establecer el orden jerárquico y los avispados chavales primerizos enseguida se dan cuenta de quien manda en aquel espacio donde recibirán sus primeras lecciones.

Una foto con el nombre en la mesa y otra en el perchero, ayudan a "la seño" a identificar a todos y cada uno de los pupilos. Su experiencia en el sector anticipa que los primeros nombres que se aprenderá serán los de los más inquietos y trastos, a los que tendrá que educar, sin más remedio, durante los próximos dos años... porque no hay derecho a devolución.

En la puerta, cada día, la madre o el padre, los abuelos paternos o los maternos, se presentan unos minutos antes de las 17.00 horas, dispuestos a recoger lo que entregaron muy de mañana.

Los encargados de la salida de un cole merecen un homenaje y reconocimiento público porque, en muy pocos días de curso, tienen que identificar qué adulto viene a recoger a qué niño.

Necesita cruzar padres, abuelos y hermanos, sin confundirse ni mezclar churras con merinas.

Seis recogedores posibles, para un solo niño, es un reto fisionómico que pocos conserjes y voluntarios superan sin errores.

Hoy me ha llamado mi nuera, agobiada, porque hay un conflicto de tareas que puede llegar a provocar una catástrofe familiar.

Los niños salen a las 17.00. Ella está de viaje y el marido, mi hijo, puede recoger a los niños, pero los tiene que dejar con alguien porque a las 17.30 tiene una videoconferencia de trabajo.

Mis consuegros ¡unos inconscientes! están de viaje del IMSERSO visitando la Costa Brava en pensión completa por 300 euros, cuando el curso no ha hecho nada más que empezar y aún nos estamos acoplando. Insisto, unos inconscientes.

Por si esto fuera poco, la tutora del pequeño (el del babi rojo) ha convocado una reunión de padres a las 17.30 para explicar la programación y objetivos del curso.

Una auténtica locura que pone al borde de un ataque de nervios a mi nuera que, además, es fan de Almodóvar.

Yo, desde el púlpito de la experiencia, trato de irradiar tranquilidad y distribuir tareas.

- *Tus padres que sigan disfrutando de la costa (no les vamos a hacer volver por este pequeño fallo de cogerse unos Moscosos sin avisar).*

- *Mi hijo que asista a la reunión, no sea que su futuro profesional dependa de ello".*

- *Tú, tú viaja tranquila, vuelve cuando puedas y conduce con cuidado; no vaya a ser peor el remedio que la enfermedad.*

Después de encargar a mi señora que se haga cargo de la asistencia infantil, me siento todo lo gordo que soy, en una de las pequeñas sillas que hay junto a la foto de mi nieto de preescolar.

Menos mal que soy de piernas cortas; si no, hubiera sido imposible permanecer en aquella postura más de cinco minutos.

- *Yo no soy el padre, soy el abuelo* -le aclaro a la profe que me mira con cara de haberme tomado la paternidad con demasiada calma- *los padres del niño no pueden venir y me han comisionado.*

- *Ya me parecía* -contesta ella con una sonrisa que intenta disimular su sorpresa- *lo importante es que luego les transmita lo esencial de la reunión.*

- *No se preocupe, aunque me vea con el móvil no estoy jugando, anoto todo lo que dice para luego pasar un informe a los padres de la criatura.*

La reunión transcurre con absoluta normalidad y mi improvisada presencia allí me permite comprobar que, en el fondo, las cosas han cambiado muy poco.

Me llama la atención que nadie anota nada (solo yo) y como siempre, en el apartado de preguntas afloran las mismas "tontáas" de toda la vida.

La profe, con una dilatada trayectoria docente, lidia las preguntas con el mismo arte que un mozo en los encierros de San Fermín, con cintura y rapidez.

No quiero que se me olvide ningún detalle: objetivos, metodología, medios colectivos, temática del año y periodos vacacionales. Eso es lo que más me interesaba a mí, conocer con suficiente antelación cuando son los periodos vacacionales para poder decírselo al IMSERSO.

Me siento en el coche, abro la aplicación móvil "Notas" y comienzo inmediatamente a redactar el memorándum, ayudado por los apuntes que he tomado en directo. Todo lo que la profe ha planteado queda registrado.

No falta el correspondiente flujograma y el calendario de los tres trimestres. Este curso en el colegio será el año de Roma y en torno a ese tema girarán todas las actividades académicas y lúdicas.

Pulso enviar y en segundos en el grupo "Familia Feliz" aparece el mensaje completo. Esa misma tarde, mi hijo, que asiste poco entusiasmado a la intrascendente videoconferencia, aprovecha para "compartir" el informe en el grupo de papas y mamas de ese curso.

Inmediatamente, empiezan a felicitarle por la información. Una hora después, la mayoría no recordaba ni la mitad de las cosas que incluía el memorándum: *"Muy bien explicado y da las gracias al Abuelo-secretario; que no falte a la próxima"*. Esa fue la respuesta más común de los papis y mamis que confiaron todo a su joven memoria.

En estos casos, los sentimientos de los abuelos se mezclan, entre "el deber cumplido" y la sensación de "haber hecho el canelo".

El hijo pródigo

Quinteto de tenores (Moderato)

Aquel día inolvidable en el que los amigos pidieron en el altar los mejores deseos para la nueva pareja ya ha quedado en el olvido.

No hace falta que sea Navidad para que un hijo "vuelva a casa". Unas bolsas de ropa y la caja con los apuntes de la carrera nos indican que el hijo prodigo regresa al nido, con intenciones de quedarse más de una noche.

"Se me acabó el amor" -nos dice- y vuelve al coche a por más equipaje, de mano y del otro.

Entre tanto hijo, hija, madres, padres, abuelos... algo sale mal y un buen día la olla a presión comienza a descomprimir a través de la válvula que todo matrimonio tiene: dos abogados y un juzgado.

No gracias a Dios, pero sí gracias a los avances jurídicos, hoy en día una pareja decide separarse y la sociedad que les rodea ya está en condiciones de asumirlo con absoluta normalidad.

Nadie mira a los hijos de unos divorciados con aquella cara de "qué penita", "pobrecitos".

En el Chat de "papas y mamas del cole" ni siquiera se publica como noticia; únicamente, notas que ahora los dos miembros de la pareja son más activos. Hasta la semana pasada, solo era uno quien participaba en las quedadas para los cumpleaños, el regalo de la seño o los patrones del traje de carnaval.

A partir de ahora, una sentencia judicial marcará el ritmo de la custodia, asistencias, visitas y celebraciones familiares.

Ninguno de los cónyuges contará con el otro para una vida en común. Es el momento de que cada palo aguante su vela.

Aparece un elemento nuevo: el desacuerdo permanente en la toma de decisiones sobre el día a día de los niños (que siguen siendo los mismos para los dos).

De pronto, el equipo único se convierte en dos tríos independientes. Como si de un partido de 3X3 se tratara, el balón -en forma de niños- se mueve por la pista buscando uno solo de los aros; el duro juego consiste en quién consigue un mayor número de aciertos y anota más afecto, doble o triple.

Padres e hijos son los afectados directos. Los abuelos, a partir de ahora, somos daños colaterales y eso tiene sus consecuencias.

A efectos organizativos y funcionales pasamos del banquillo a la titularidad; sin ni siquiera haber podido calentar antes.

Tenemos que ocupar nuestro sitio y el de nuestro yerno o nuera. Somos los únicos sustitutos cuando el motor de nuestro hijo o hija se "sobrecalienta".

Aunque no terminan de entenderlo por completo, los niños, por lo general, se acomodan mejor a la nueva situación. Tienen menos prejuicios. Solo saben que esta semana están con unos y la siguiente con otros.

Su mayor esfuerzo consiste en localizar, a la salida del cole, qué coche les recoge hoy: el verde de mamá, el azul del abuelo, el blanco de papá o el gris de los otros abuelos.

Todo un ejercicio mental para terminar el día, que se verá recompensado, seguro, con una merienda en ruta, venga quien venga.

El cuadrante se complica. A los horarios, actividades y materiales diversos, hay que añadir los días de custodia y visitas según la sentencia del juez.

Más adelante, cuando las cosas se calmen anímicamente, tal vez aparezca otra pareja para iniciar una nueva historia de amor.

Recuperado del "bajón", el hijo enamoradizo te presenta a la recién llegada. A su lado, un "benjamín" que no conoces de nada, pero que pronto se incorporará a la lista de niños en vuestra guarda y custodia.

Un buen día, cuando haya terminado de jugar con sus nuevos hermanos, te mirará a los ojos y preguntará:

- *¿Yo también soy nieto tuyo?*

Y orgulloso y educado tu contestarás:

- *Claro que sí.*

La naturaleza del bilingüismo
Dúo de sopranos (Moderato)

The phrase "any situation, no matter how bad, can get worse" is a popular way of stating Murphy's Law. Murphy's Law, in its most basic form, states that if something can go wrong, it will. Although there are different versions and origins of Murphy's Law, the central idea is that things tend to get complicated or worse when least expected or desired.

Si has sido capaz de leer y entender este párrafo en inglés americano a la primera ¡enhorabuena! Estas en las mejores condiciones posibles para entenderte con tus nietos "bilingües". Si no, y has necesitado el traductor de Google, como yo, estás jodido (con perdón).

La frase "cualquier situación por mala que sea es susceptible de empeorar" es una forma popular de enunciar la Ley de Murphy. Esta ley, en su forma más básica, establece que, si algo puede salir mal, saldrá mal. Aunque existen diferentes versiones y orígenes, la idea principal es que las cosas tienden a complicarse o empeorar cuando menos se espera o se desea.

Cuando menos se espera, o se desea, llega de vuelta tu Erasmus, enamorado. Ha mantenido una relación con una jovencita de habla inglesa que conoció aquellos meses que vivió en Dublín.

Consolidada la unión, las relaciones entre Irlanda y España se fueron estrechando y ahora te encuentras con una pelirroja dispuesta a que sus hijos (vuestros nietos) no olviden su idioma materno.

Dubái, Suiza, Canadá... Son ciudadanos del mundo y aunque ahora viven en España, ya al dar a luz la pelirroja exclamó *"thank goodness it came out"* y desde entonces aquella criatura solo escucha a su madre en el idioma de Shakespeare.

Nuestro hijo, que practica el bilingüismo desde que le enviábamos en verano a estudiar fuera, se empeña en que sus hijos hablen sobre todo castellano; porque no piensa irse nuevamente lejos de *MERCABUELA*.

Esa casa, más que un hogar de educación bilingüe parece una Torre de Babel, donde se mezclan los Gaiteros del Rey Arturo y la Hermandad de Hortelanos de las Tierras de Castilla.

Con estos nietos, de educación dual, para nosotros es imposible hacer la tarea. Si ya es complicado en la lengua materna, ya ni lo intentamos con otra forma gramatical ajena a nuestros usos y costumbres.

Bueno, ajena a los míos, porque la abuela ha decidido ponerse al día matriculándose en inglés; *"para entender mejor a los niños"* -dice- y ahora resulta que son los nietos los que le hacen a ella las tareas y ejercicios.

Yo, por agradar, aunque no me ha llamado Dios por el camino de los idiomas, cada vez que llega mi nuera, la saludo con aquello de *"Helou. ¿Jaguar yu?"* y la irlandesa, que en el fondo es una "cachonda", siempre me contesta: *"bien poliglota, bien"*.

La globalización, en manos de las multinacionales, ofrece un mayor campo de actuación para aquellos que no se sienten atados a un monte, un camino o una ciudad concreta.

Ser bilingüe multiplica tus posibilidades de lograr una trayectoria profesional en cualquier parte del mundo (civilizado y del otro).

Ya me hubiera gustado a mi cambiar los veranos entre los pinos de la sierra de San Vicente por los *"colleges"* ingleses en tierras de Oxford o Cambridge (hubiera estado dispuesto a remar para cualquiera de los dos equipos).

Me encanta ver a los nietos viendo series y películas en inglés. Traducen con toda naturalidad y se entienden a la primera con cualquier visitante extranjero.

Pero yo soy monolingüe y eso, a estas alturas de la vida, ya tiene mala solución. Sigo necesitando el lenguaje universal de las manos para llegar hasta la Torre de Londres o Westminster... pero llego.

ACTO IV

Droga, sexo y rock and rol
Aria para contralto (Prestisimo)

Somos una generación que mayoritariamente no hemos conseguido hablar otro idioma que no sea el propio, más allá de aprobarlo como asignatura en el bachillerato.

Ahora vivimos la era de la globalización y es mucho más fácil entender lo que pasa en cualquier rincón del mundo, aunque tengamos que utilizar para ello el traductor de Google.

Siempre nos atrajo lo británico y lo americano; sobre todo en aquello que la historia de la música bautizó como "la era del rock and roll".

Desde Elvis a Jimmy Hendrix, pasando por Beatles, Rolling y el rock sinfónico de Deep Purple, la música nos transportaba; no sabíamos dónde ni por qué.

Escuchábamos historias, sin un lenguaje comprensible para los españolitos de habla exclusivamente castellana, pero llenas de atracción para los que aspirábamos a ser "modernos".

El pelo largo de los chicos era uno de los símbolos externos que tantos disgustos trajo para las peluquerías de caballeros, abocadas a la desaparición o al menos a la reducción drástica de sus servicios.

Bailábamos como auténticos poseídos por el demonio, convencidos de que aquello era una liberación frente a los pasodobles y boleros que cantaban nuestros padres.

"No me gusta que a los toros te pongas la minifalda. La gente mira parriba, porque quiere ver tu cara y quiere ver tus rodillas".

Aquello era posesivo, machista, trasnochado. Necesitábamos liberarnos de la vida en blanco y negro; de las limitaciones de una educación que ataba a las mujeres a la pata de la cama y solo debía hacer el amor cuando el propósito fuera procrear.

Del extranjero nos llegaban aires de libertad, mundos de colores y ritmos trepidantes con punteos de guitarra eléctrica que se nos clavaban en el alma y en el cerebro psicodélico de la época.

Nacieron los hippies como una contrarrevolución al puritanismo imperante en Estados Unidos. Ese mismo movimiento libertario se atrevió a cuestionar ante los todopoderosos USA, el papel de los jóvenes en una guerra inútil, como todas las guerras.

Los de este lado del charco, queríamos también ser hippies; practicar el amor libre (o no libre) y caminar sin rumbo por las maravillas de la madre naturaleza.

Nosotros lo hacíamos por la era del pueblo, donde meses antes rodaba el trillo tirado por dos mulas, no precisamente mecánicas.

Descalzos y tumbados sobre aquellas pajas, ya desprovistas de grano, los abuelos de hoy escuchábamos a Bob Dylan, aunque no sabíamos lo que nos decía.

Oíamos extasiados su ronca voz vaquera, con letras acompasadas por cuatro acordes de guitarra acústica y la melodía pegadiza de una armónica.

En alguna revista musical de la época, nos explicaban algo de la lucha de los hombres por lograr un mundo mejor. Uno de sus temas famosos era *"Blowin' in the wind"*, traducido como *"La respuesta está en el viento"*.

Capítulo aparte merecían los gritos descarnados de Janis Joplin; creadora, seguro, de la mezcla mortal de "droga, sexo y rock and roll".

Los más modernos de cada lugar se apuntaban a "hippear" pero seguían sin entender nada. Se congregaban en lugares tan emblemáticos como el desierto de Almería, las playas de Huelva o la blancura de Ibiza.

El diseñador internacional Adolfo Domínguez puso de moda aquello de "la arruga es bella" y esta fue la excusa perfecta para desechar de las comunas la noble y leal tabla de planchar.

Esa generación de contestatarios al poder establecido, terminó años después enfundándose trajes de Emidio Tucci o Pierre Cardin y formando parte de una sociedad de consumo que promovía, potenciaba y desarrollaba, todo lo que ellos criticaron poco antes de convertirse en hombres y mujeres de éxito.

Pocos aprendieron a traducir las líneas dentro de un círculo, representativas de las letras N y D del alfabeto de banderas.

Realmente, el símbolo de la paz nace de las iniciales del Desarme Nuclear.

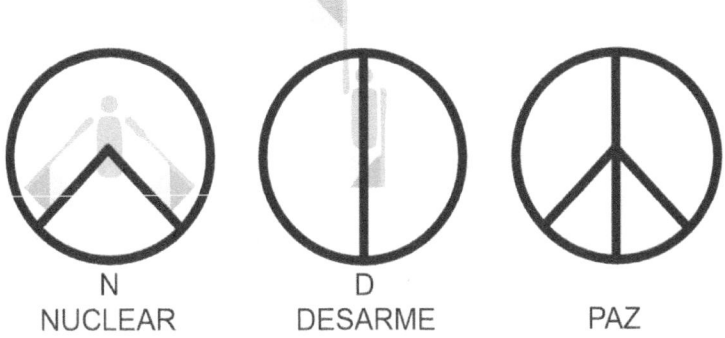

N
NUCLEAR
DESARME
D
PAZ

Contamos a nuestros nietos más mayorcitos que aquellos idealistas, defraudados por las consecuencias reales del amor libre y los efectos del ácido y la marihuana, ahora son personas con el pelo blanco, vestidos de lino delicadamente arrugado.

Algunos reciben a sus nietos en lujosos chalets, a pie de playa, calzando zapatillas de marca para ir al chiringuito, antes de comer un buen pescado fresco en el club náutico.

En esas tardes lluviosas del interior, los abuelos hippies o no, sacan del desván el viejo tocadiscos y la caja de Lp´s para oír la pureza del vinilo y contar, a los nietos que quieran escucharlos, lo que era una verdadera fiesta de sol a sol, cuando ellos eran jóvenes.

Lamentablemente, seguimos sin saber traducir que John Lennon imaginaba un mundo unido y en paz desde su lujoso apartamento de Manhattan.

Las casas discográficas se apiadaron de nuestras limitaciones lingüísticas y empezaron a incluir en las carpetas la correspondiente traducción de las letras.

La decepción de los mensajes traducidos fue tan grande que volvimos la mirada a la música en castellano. Descubrimos los maravillosos poemas de Goytisolo en la voz de Paco Ibáñez o los de Machado musicados por Serrat.

También eran cuatro acordes, nada musicalmente complejo; pero aquello, al menos, lo entendíamos desde el principio.

En esto de la música, como en la informática, lo mejor es estar al día y aprovecharnos que, ahora, muchos de los éxitos internacionales suenan en español.

Por si aún no lo sabéis, en las acampadas ya no cantan aquello de "Viva la gente" o "Color Esperanza". Ahora, escuchamos con atención hip hop, reguetón y ese poema musicado, creado por el portorriqueño Farruko: *"pepa y agua pa la seca to el mundo en pastilla en la discoteca"*.

Hay que estar al día, ningún tiempo musicalmente pasado fue mejor, simplemente diferente.

Si no fuera así, continuaríamos bailando únicamente minuetos de Mozart o valses de Strauss, padre o hijo.

En estos casos, lo mejor es el intercambio. Primero colocas a los nietos un vinilo de Jethro Tull para que escuchen lo que es el sonido rockero de una flauta travesera y a cambio les dejas tu Alexa para oír reguetón.

Para estar al día, tienen que sonarte nombres como Bad Bunny, Rosalía, Rihanna o Daddy Yankee. Solo tienes que buscar en YouTube.

No te pedimos que las bailes, solo que las entones y sigas las letras que, en muchos casos, aprovechan la internacionalidad del castellano.

De tus tiempos mozos recordarás la locura colectiva por ver y tocar a un ídolo. Gritos, empujones y codazos para acercarte al personaje de moda.

Por el mismo Bernabéu que corrieron los Beatles, huyendo de unas locas dispuestas a cortarles un mechón de su cabello, hoy cruzan la pasarela los mejores "reguetoneros", con pantalones cagaos y collares que valen su peso en oro.

Parece que las cosas han cambiado mucho, pero en realidad han cambiado poco o nada. La primera misión del joven es revelarse contra el orden establecido. De pelo corto a pelo largo. De falda larga a falda corta.

Con lo que hemos peleado por el modernismo, ahora resulta que lo más "in" es el gótico. La falda larga y el pelo corto.

La generación formalista del blanco y negro se transformó en una vida de colores. Ahora, como por arte de magia intergeneracional, casi todos van de negro y siempre se sport.

El cuento de Caperucita
Polifonía (Ladrante)

Éramos pocos y pario la perra, o la gata, o el hámster, lo mismo da.

Cualquier día, generalmente cuando peor te viene, aparecen en la puerta de tu casa con una cesta y tú sabes de sobra que, ni ella es caperucita ni tú el lobo; lo único que está claro es "que van a casa de la abuelita".

De aquella cesta, tapizada a cuadros escoceses, comienza a salir un pequeño maullido que acompasa el ritmo con unos arañazos en la puerta reforzada del habitáculo de viaje.

La primera vez que vienen piensas que el animal estará allí "guardado" todo el tiempo que dure la visita; nada más lejos de la realidad, aquella cesta es solo un particular medio de transporte.

Al calor del hogar, León IV sale para acomodarse en mi sillón junto a la chimenea. Ese será su lugar preferido y yo tendré que luchar para no perder mis privilegios de rey de la casa.

Por mucho nombre de Papa bondadoso que le hayan puesto, León IV ha venido a este mundo (o al menos a mi mundo) a tocar las narices; a hacerse valer y a convertirse en dueño y señor durante la estancia.

Para rematar el encuentro, la niña -que es la que hace entrega del paquete- se dirige al felino pronunciando aquella fatídica frase que popularizó algún animalista esnob *"aquí te quedas con los abuelos, no des guerra"*.

Y el felino contesta, a su manera, restregando su lomo sobre el cojín de ganchillo que ya ha hecho suyo para toda la semana.

Lo mismo da ser "perriabuelos" que "gatiabuelos" que cualquier otro animal de compañía. Nuestros hijos necesitan irse con la sensación de que, durante su ausencia, los "peques de su casa" serán tratados como auténticos sujetos nietunos.

Para garantizar que esto es así, la cesta de Caperucita viene con instrucciones: sacarle tres veces al día, no darle esto, aquello y lo otro que le sienta mal. Solo bebe de su cacharro; la arena limpia cada semana y por favor, no gritarle que se estresa.

Cuando a mí me cuentan estos detalles en la tertulia sexagenaria del jueves, me doy cuenta de que prácticamente no hay diferencias entre la hoja de instrucciones de unos nietos y la de los otros.

La responsabilidad es absoluta y la posibilidad de meter la pata constante.

El triángulo funcional y emocional sigue siendo el de las tres "C": Comida, Cariño y Cama.

En el último cumpleaños me regalaron un cartel que decía ¡Cuidado con el perro! Yo, lógicamente, pensé que era para advertir a los vecinos y maleantes de la presencia de una fiera en la casa, pero no.

Me percaté de ello cuando el manitas de mi yerno lo colgó en la parte interior de la puerta de la vivienda. Inmediatamente asumí que aquel mensaje era para mí. Que realmente lo que quería decir era: ¡Cuidado con el perro, que no le pase nada, abuelo!

Lo normal es que conviertan tu casa en un Refugio para Animales porque los "gatipadres" se marchan de puente a esquiar o han contratado un circuito por el Caribe, de 15 días, con todo incluido, menos los animales.

No me acostumbro.

Los animales, porque son animales por mucho cariño que les tengamos, también nos miran desconcertados. Sus ojos parecen preguntar: ¿por qué sus "perripadres" le han dejado en aquella casa al cargo de unas personas mayores? Menos mal que el animal no se contesta.

Al final, es muy difícil saber quién cuida de quién.

Algunos abuelos, afortunados por las coincidencias, tienen la dicha de poder acoger, en un mismo "pack", a los nietos de la mayor y al perro del soltero; que, de momento, que yo sepa, es el único que se mete en la cama con él.

¡Qué suerte! ¡Que dicha! Todos en familia y yo allí, sin estar seguro de saber cuál es la comida de cada uno.

Pa, para, pa, pa, papa, papa
Dueto para sopranos (Andante)

¡Zafarrancho de combate!

Armarios desarmados, cajones desencajonados, cómodas incomodas. Ropa de invierno, de verano.

Libros de autoayuda, sacaleches y dos cajas de pezoneras sin abrir.

Un coche de paseo, la cuna de viaje, mantitas y una silla que ha perdido el Isofix.

¡Ya no cabe más!

Esperando no tener que poner al próximo hijo de nombre "Inesperado" llega el momento de hacer hueco. Todo el material imprescindible hasta el año pasado, ahora es una acumulación de trastos que se come gran parte del espacio, generalmente pequeño, en la casa de un matrimonio joven.

Si no queremos tener más hijos, lo primero es poner los medios para que no echemos de menos todo aquello de lo que nos vamos a deshacer.

Esto puede parecer un comentario propio de una charla de educación sexual de primaria; pero nunca está de más recordarlo.

Cualquier descuido supone para los abuelos un nuevo "daño colateral" muy bien expresado por el refranero español: *"éramos pocos y parió la abuela"*.

Conviene, por tanto, sacar esta conversación con cualquier excusa. Aquí, también debemos proporcionar toda nuestra ayuda posible; de ello dependerá parte de nuestra supervivencia.

Ya somos experimentados abuelos y no necesitamos más emociones fuertes o débiles.

Sencillamente, hay que sumar para saber dónde nos están metiendo.

Suponiendo que nosotros hayamos tenido dos hijos (la parejita que se decía entonces). Si cada uno tiene otros dos vástagos, nosotros, los abuelos, seremos Familia Muy Numerosa"; ellos no. Ambos matrimonios solo se juntarán en ocasiones especiales. Sin embargo, nuestros nietos, se convertirán en los cuatro primos inseparables.

Si, además, hay un descuido, ya tenemos un buen total: "5 lobitos tuvo la loba, 5 lobitos, la abuela está sola"

Teniendo en cuenta este sencillo razonamiento, nos encontramos ante una de las mejores inversiones de nuestra vida para sacar a pasear a la *VISAbuela*.

Cualquier descuido es irreparable. Urólogos y ginecólogos tienen conectados los TP`V, dispuestos a poner soluciones científicas para seguir gozando del sexo sin necesidad de aumentar la plantilla.

Cuando se tome la decisión, que no lo dude nadie: *"Si es necesario, pagar la operación de un par de nuditos es una de nuestras mejores inversiones"*

Pero no nos desviemos, que estábamos limpiando.

Aquí, unos buenos abuelos son fundamentales. Decididos, eficaces, resueltos y, sobre todo, sin miramientos. Los buenos abuelos limpiadores no tienen sentimientos. Fríos, como un juez a la hora de emitir un veredicto. Hábiles como un ratón haciendo desaparecer las zapatillas de invierno.

La mejor de las abuelas no sucumbe ante el enojo del abuelo cuando ve tirar al cubo de la basura aquellas pezoneras de su vergüenza.

En la puerta, se ven una docena de bolsas de basura, tipo saco, a las que no se les puede hacer un nudo de llenas que están. Por fuera, una etiqueta grande anuncia el contenido: ropa de cama, trajes de bebé, muñecos, juguetes y varios.

En otro montón, cajas con biberones, esterilizadores y chupetes de todos los tipos y materiales.

Mudanzas *EL YAYO VELOZ* levanta el portón del maletero y comienza a cargar la mercancía después de convertirlo en furgoneta.

El coche de los chicos sigue siendo pequeño y habría que hacer muchos viajes. Mejor el de los abuelos que se abaten los asientos.

Lo que no entiendo -y así lo manifesté el día que llevé a mi yerno a recoger su coche nuevo- es que, teniendo ya dos hijos, sigan comprando vehiculos con tres puertas, por muy deportivos y eléctricos que sean.

- *"No es un reproche -le dije- es una observación".*

Y él me miró con cara de no entender de qué le estaba hablando.

Y aquí estamos, semanas después, convirtiendo el Suv en un flamante vehículo de transporte de mercancías, porque el yerno no sabía de qué le estaba hablando.

Hago el primer viaje, el segundo y el tercero, hasta dejar despejado el rellano de la escalera.

Menos mal que la ONG donde lo dejo clasifica todo este material para darle una segunda vida. Me siento mucho más tranquilo pensando que trabajo de voluntario para que la sociedad aproveche mejor los recursos y que los menos favorecidos puedan acceder a bienes difícilmente accesibles para ellos.

Cansados, muy cansados, esta vez la abuela y el abuelo han aprovechado bien el día.

Nuestra hija tiene la casa ordenada y lista para llenarla de cosas nuevas.

Los nietos han descubierto rincones de su habitación que no recordaban que tenían y *EL YAYO*

VELOZ ha hecho posible que el saca-leches conozca nuevos pechos y que la cuna dé cobijo a un nuevo ser...

Sí, ha sido un gran día; muy completo. Aunque mi yerno siga sin entender que algún día el coche, o el abuelo, no pasarán la ITV.

La paja en el ojo ajeno
Aria para soprano (Presto)

Los abuelos no somos infinitos.

Tenemos un límite en nuestra fuerza y paciencia; pero sobre todo tenemos un límite en nuestra capacidad para absorber las aventuras y desventuras de toda la familia en primer, segundo y tercer nivel del árbol genealógico (animales incluidos).

Nunca se sabe dónde está la famosa línea roja que nadie quiere sobrepasar y que muchas veces solo es palpable cuando ya no tiene solución.

Debemos estar muy atentos. Como dice el refranero español: *"cuando las barbas de tu vecino veas cortar, pon las tuyas a remojar"*... o aquello de *"Ver la paja en el ojo ajeno y no la viga en el propio"*.

Claro que hay abuelos "interferencia", incapaces de dejar que sus hijos se equivoquen por sí mismos y de que los nietos conozcan el acierto y el error para ir madurando.

Se implican sin medida con la sana intención de que su prole transite por la vida sin la más mínima dificultad. Que sufran menos, que tengan todo a su alcance y si algo falta, para eso estamos los abuelos.

Con el tiempo, unos y otros se quejan de que su vida no les pertenece. Crean una dependencia que más tarde se convierte en rechazo. Pasamos del todo a la nada sencillamente porque nos cansamos unos de los otros.

En el centro, como siempre, los nietos. Cuando se desencadena el conflicto, no terminan de entender por qué los abuelos ya no vienen a buscarlos.

Los padres evitan la coincidencia porque, argumentan, están cansados de que la madre, la suegra, el padre o el suegro, se metan en su vida.

Esa goma, se va templando o aflojando a medida que los padres entienden que criar a los hijos es su auténtica prioridad y, sobre todo, cuando asumen que esa tarea no es fácil.

A pesar de que sus hijos ya superan la cuarentena, los abuelos se ven en la obligación de seguir educándolos; esta vez, enseñándolos que el nivel de relación, dependencia y ayuda tiene que ser siempre proporcional y recíproco.

Ya no vale aquello de *"tú que no tienes nada mejor que hacer"; "para que te entretengas"* o *"así te distraes"*.

El bienestar de los padres, no debe ser solo a costa del sufrimiento y el sacrificio de los abuelos.

Tenemos derecho a ser felices. Todos.

Los nietos, como la energía, no desaparecen, se transforman
Dúa para soprano y tenor (Vivace)

Por ley de vida, la historia de los nietos sabemos cómo empieza, pero no como terminará: salvo dolorosas excepciones.

El día D hora H marcó el inicio de una relación familiar a través del vínculo de la sangre, paterna o materna. Ni unos elijen abuelos ni los otros nietos; todo es fruto de la organización de la especie y para eso los humanos somos complejos.

A medida que van creciendo, los nietos absorben y asimilan todo lo que ocurre a su alrededor (o casi todo).

En cada edad, sus demandas son distintas y los abuelos, en muchos casos, nos vemos en la obligación de compartir con los padres la responsabilidad de ir dando las respuestas más adecuadas.

En los primeros años, cubrimos sus necesidades a través de dar cobertura a los padres; luego, son ellos mismos los que deciden hacerse beneficiarios directos de todo lo que el abuelo y la abuela les pueden aportar; principalmente desde el punto de vista funcional y emocional.

No son pocos los nietos que terminan viviendo largas temporadas con los abuelos porque tienen el piso cerca de la universidad o porque el primer trabajo no les permite una vivienda propia.

Y los abuelos encantados. Solo tienen que tener a punto el catering, la lavandería y una buena fibra óptica para teletrabajar.

Aquel renacuajo que no marcaba un gol ni al arco iris o aquella pianista que ilustraba al vecindario con las sonatas de Chopin, continúan cerca de los abuelos porque unos y otros lo aceptan.

Aquí los padres ya pintan poco, o nada. Bueno, bien podrían colaborar en los gastos de alojamiento, alimentación y lavandería, teniendo en cuenta el dinero que se ahorran porque los abuelos tienen habitaciones libres y viven en el centro.

No solo no aportan, sino que los domingos, cuando aparecen a comer para estar todos en familia, pueden llamar a la puerta con cualquiera de las dos manos (esto significa que suelen traer poco o nada).

Esa costumbre no cambia. La comida familiar de los domingos, en casa de los abuelos, a mesa puesta... y quitada.

En las familias de alta alcurnia y prosapia, la anfitriona toma el brazo de su esposo para alertar a los comensales que dará comienzo el almuerzo. En la planta inferior, cocineros y reposteros han elaborado suculentos manjares, salados y dulces, para deleite de todos y cada uno de los invitados.

Finalizado el almuerzo, el mismo anfitrión se levanta e invita a los presentes a un salón contiguo, donde se servirán copa, café y puro; porque por aquel entonces no se había descubierto que el tabaco produce cáncer.

Aunque en algunas casas actuales se puedan vestir con capas mozárabes, como símbolo de dignidad y abolengo, ya no es frecuente una mesa rodeada de lacayos de librea.

Hoy, los anfitriones no pasan al comedor del brazo, porque él o ella está terminando de rematar los entrantes.

Pero los padres de nuestros nietos y hasta nuestros propios nietos, con capa o no, no terminan de darse cuenta de que aquello de princesas, príncipes y reyes de la casa, es solo una metáfora.

Superada la generación del servilismo, nadie tiene más derecho que el otro a echarse en el sillón con la cocina empantanada. Ni los que están, ni los que vienen, son lacayos de nadie.

No hay manera de hacer entender que, todos y cada uno de los comensales, estamos cansados, al menos, por igual.

Para muchos, el mayor esfuerzo consiste en utilizar toda su energía para que su asiento no esté al lado del pariente pestoso.

Una comida familiar debería ser el mejor ejemplo de socialización e inclusión. Todos tenemos las mismas obligaciones, deberes y derechos. Lo mismo da la edad, el sexo o la condición.

Si tienes que traer más pan, lo traes. Si hay que poner la mesa, la pones. Si te toca recoger con tu hermano, al que odias desde que sacaba mejores notas que tú... pues te jodes. Lo importante es el encuentro dominical.

Sin embargo, ¿Por qué solo los abuelos saben cuánto arroz hay que echar para 12?

¿Qué está pasando en una familia donde la abuela se queda recogiendo mientras el resto ya disfruta de la siesta?

Con el último sorbo de café se da la salida de una carrera a la caza y captura del mejor sillón; el más mullido, el de orejas o la colchoneta tirada junto a la lumbre.

Lamentablemente, los abuelos "chacha" están lejos de extinguirse.

Aquellos profesionales del teletrabajo, con tres másteres y educación bilingüe, no reparan en que, para nosotros, los abuelos, el valor de una comida familiar está en la compañia, en la conversación, en el juego y no solo en el hecho de valorar con 5 estrellas el restaurante K`LABUELA, comidas y bebidas.

En el mejor de los casos, uno de los hijos, yernos, nueras o incluso nietos, se aventura a preguntar ¿te ayudo? con lo que implícitamente está dejando claro que la tarea es solo tuya y de tu pareja… y el resto invitados o colaboradores.

Me recuerda a aquellos maridos trasnochados que, en un alarde de "modernismo social", cuando veían a sus mujeres hartas de todo, decían con voz cálida y conciliadora: cariño ¿te ayudo? como si aquello no fuera cosa de los dos.

Una persona se educa a través de lo que ve, lo que lee y lo que vive.

La energía se va transformando; se va trasladando de una generación a otra.

Cada año que cumplimos, cada vela que soplamos, va consumiendo la fuerza que hemos acumulado para desarrollar nuestra vida y aportar a los demás.

No es trascendente quien cocina. Tampoco lo es quien se hace cargo de colocar el lavavajillas o aspirar las migas del mantel. Lo realmente importante es ser capaces de medir las rayitas que les quedan a los abuelos en unas baterías que, cada vez, tardan más en recargarse.

¿Por qué nadie se da cuenta a tiempo, de que el abuelo ya no puede mover con tanta facilidad la silla con Isofix o que la abuela, cada día, tarda más en enderezarse?

Como podría haber dicho Bob Dylan: La respuesta está en el Viento.

Finale
Recitativo para tenor (Moderato)

Abusando de la versatilidad de las palabras, podríamos estar cantando arias, recitativos y coros a lo largo de otras muchas páginas, con o sin pentagrama.

En cualquier reunión, conversación o cumpleaños de más de 60, el tema de los abuel@s es recurrente; incluso diríamos, insistente y a veces repetitivo y hasta cansino.

En mayor o menor medida, todos tenemos similares percepciones sobre esta fase de nuestra vida en la que, lejos de lograr la relajación personal, somos llamados a equiparnos con nuestras mejores armas educacionales, paternales, deportivas, económicas y culturales, para seguir criando.

Por más que hablemos o escribamos de ello, no existe una fórmula mágica para que la convivencia entre nietos, padres y abuelos sea sencilla.

Fundamentalmente podemos intentar abrir los ojos de los que nos sucedan. Anunciar (que no advertir) a los futuros padres y abuelos que merece la pena dedicar algo de tiempo a "pensar" (bonito verbo) cuál será nuestra actitud y comportamiento de futuro.

Identificar claramente el papel de cada uno en la crianza. Quienes son los "titulares" y quienes los "reservas".

Ser abuel@s siempre es positivo; muy positivo... lo demás son circunstancias de la vida.

Solo tenemos que entender y hacer entender que algún día, los que hoy son padres o madres, probablemente lleguen a ser abuelos o abuelas...

y esa será su propia *Historia de Resistencia Pacífica*.

¿Continuará...?

ÍNDICE:

161

Saudeas Mihi